浙商大东亚研究文库

汉文训读与日语因果范畴演变研究

杨 琼 著

上海交通大学出版社
SHANGHAI JIAO TONG UNIVERSITY PRESS

内容提要

本书聚焦古代日语中的因果范畴标记,尤其关注汉文训读对日语因果范畴标记生成与演变的影响。研究以全方位、多角度的比较法为主,注重选用具有日语史价值的古训点资料,结合纯正汉文、变体汉文、假名文学、汉字假名混合体文献等多种材料,并且结合日语文体史的发展,深入探讨了汉文训读在日语因果范畴演变过程中的影响,揭示了由汉文训读引发的因果范畴标记在日语中接受与创新的两面性。

本书属于日语语言学范畴,适合相关专业的学生、教师、研究者以及对汉文训读感兴趣的读者借鉴参考。

图书在版编目(CIP)数据

汉文训读与日语因果范畴演变研究 / 杨琼著. —上海:上海交通大学出版社,2020

ISBN 978 - 7 - 313 - 24177 - 1

Ⅰ.①汉⋯　Ⅱ.①杨⋯　Ⅲ.①日语-汉字-研究
Ⅳ.①H362

中国版本图书馆 CIP 数据核字(2020)第 238165 号

汉文训读与日语因果范畴演变研究
HANWEN XUNDU YU RIYU YINGUO FANCHOU YANBIAN YANJIU
···

著　　者:杨　琼
出版发行:上海交通大学出版社
邮政编码:200030
印　　刷:江苏凤凰数码印务有限公司
开　　本:710mm×1000mm　1/16
字　　数:201 千字
版　　次:2020 年 12 月第 1 版
书　　号:ISBN 978 - 7 - 313 - 24177 - 1
定　　价:68.00 元

地　　址:上海市番禺路 951 号
电　　话:021 - 64071208
经　　销:全国新华书店
印　　张:10.25

印　　次:2020 年 12 月第 1 次印刷

本书为 2020 年度浙江省哲学社会科学规划课题"汉文训读与日语因果范畴演变研究"（项目编号：20NDQN282YB）结题成果，特此鸣谢！

序

　楊瓊氏は古代日本語の原因理由表現をめぐって有益な研究を行った。古代日本語の因果関係を表す接続表現を取り上げ、漢文訓読とりわけ仏教漢文の影響をめぐって、日本語の文法表現に影響したものがあり、それらが中世の和漢混淆文にいたって広く用いられ定着した過程について研究したものである。

　取り上げた語句は「によりて」「ゆゑ」などの接続表現と、「しからば」「さらば」のような接続詞である。これらの因果関係を表す表現は日本語では元来、未発達なものであり、漢文訓読の中で接続表現として定着し、中世の和漢混淆文に定着したものである。

　従来の研究では、「によりて」は変体漢文の使用を受けて中世に定着したとされていたが、和文の「により」も視野に入れて平安時代の文献を再検討した。これによって、上代に用いられた用法が自然に定着し、更に仏教漢文の「依」の訓読の影響でプラスの意味用いる用法を獲得したことなど、用法面を詳細に検討し、従来の文法研究を進化させている。

　「ゆゑ」の場合でも、奈良時代では体言に接続して用いたものが、平安時代になると漢文訓読文では「活用語連体形＋φユヱ」の形と、「活用語連体形＋ガユヱ」が併存したが、後の漢文訓読文では「ガユヱ」、和文では「φユヱ」というような傾向の差異を指摘しつつ、院政期の和漢混淆文では漢文訓読型が、鎌倉期の和漢混淆文では和文型が定着したという表面的な変遷を述べるだけではなく、作品の背後にある僧侶の実用文の世界を視野に入れた立体的記述に及んでおり、文体を配慮した文法事象の記述により用法の展開をより具体的に論じることができている。

　「しからば」と「さらば」の検討においては、漢籍仏典の影響を受けた日本

書紀の「しからば」の用法と、漢籍仏典の影響ではなく、自然に発生した古事記の「しからば（然者）」の用法があり、後者が平安時代の「さらば」に受け継がれつつ後に漢文の影響で用いられた「しからば」の影響も受けた過程を明らかにしている。

　これらの考察では、文体別の用法を配慮するとともに日常言語の用法を背景に配慮した考察を試みており、従来の記述をさらに深化させる観点がある。むろん、前提となる、和文や、和漢混淆文の文体がどのように成立したか、その中で、これらの対象語がどのような位置を占めるかという大きな課題は含んでいるが、漢文や和文の各種文献を子細に解釈・検討する実証的方法によって文法記述に新たな視点を提示した点は評価される。

　以上のように、楊氏の研究は、古典日本語の研究において多くの新しい知見をもたらすものであり、学会において高く評価されているものである。また、その業績の一部が2017年度の第12回漢検漢字文化研究奨励賞（佳作）に選ばれている。本書が出発点となって、さらに今後の発展が期待される。

藤井俊博

2020 年 6 月

序

（作者译）

杨琼围绕古代日语中的原因理由表达方式展开了有意义的研究。研究以古代日语中表示因果关系的接续形式为例，围绕汉文训读，尤其是佛教汉文的影响，探讨了受到训读影响而形成的日语语法和表达方式在中世的和汉混淆文中广泛使用并固定下来的过程。

具体研究的语句有「によりて」「ゆゑ」等接续助词以及「しからば」「さらば」等接续词。这些因果关系的表达方式原本在日语中尚不发达，而是作为汉文训读中的接续形式成立，继而在中世的和汉混淆文中得到了发展。

以往的研究认为「によりて」是受到变体汉文的影响而在中世固定下来的。本书将和文中的「により」也纳入考察范围，重新探讨了平安时代文献中的使用情况，由此证明中世的「によりて」是上代日语用法自然演变的结果。研究进而在语义用法层面探讨了「によりて」在佛教汉文"依"字的训读影响下获得利益性用法的过程，使相关的语法研究得到了进一步的发展。

「ゆゑ」在奈良时代是与体言衔接使用的，但到了平安时代，汉文训读文中出现了「活用語連体形＋φユエ」和「活用語連体形＋ガユエ」二者并存使用的情况。本书的研究指出了在汉文训读文中使用「ガユエ」、在和文中使用「φユエ」这种使用倾向上的差异，并厘清了院政时期的和汉混淆文中使用"汉文训读型"、镰仓时期的和汉混淆文中使用"和文型"的接受过程。研究不仅对语言现象表面的变迁进行了描述，而且还论及了作品背后僧侣所作实用文的世界，顾及了文体对语法现象的影响，更具体地论述了用法的发展。

本书在对「しからば」和「さらば」的探讨中指出，上代日语中存在受到汉籍、佛经影响而产生的『日本書紀』中的「しからば」，与不受外来影响、日语中自然生成的『古事記』中的「しからば（然者）」这两种用法。在此基础上，还阐明了平安时代的「さらば」继承了后者的用法以及之后受到汉文训读影响的过程。

本书考虑了不同文体中用法的差异,同时以日常语言的用法为背景进行了细致的尝试性考察,其中的一些观点进一步深化了以往的研究。当然,还有许多课题留待探讨,如作为前提的和文、和汉混淆文的文体是如何形成的;在这些文体中,考察对象语有着怎么样的地位,等等。但值得肯定的是,作者通过对汉文、和文等各类文献进行了细致的探讨和解释,以实证性方法对语法研究提出了新的观点。

如上所述,本书的研究为古典日语的研究带来了诸多新的见解,在学术界得到了很高的评价。此外,研究成果的一部分获得了日本 2017 年度第 12 届汉检汉字文化研究奖。期待作者以本书为起点,今后有更进一步的发展。

藤井俊博

2020 年 6 月

目　录

第一章　绪论 ……………………………………………………… 1

　第一节　研究背景与研究目的 ………………………………… 1

　第二节　研究综述与问题所在 ………………………………… 3

　第三节　研究方法与框架结构 ………………………………… 8

第二章　因果范畴标记「によりて」的形成与发展 ……………… 11

　第一节　「によりて」的原因理由用法与汉文训读 ………… 11

　第二节　「により(て)」的接续助词用法与文体 …………… 31

第三章　因果范畴标记「(が)ゆゑ(に)」的形成与发展 ……… 50

　第一节　上代语「ゆゑ」的性质 ……………………………… 50

　第二节　原因理由接续表现「(が)ゆゑ(に)」的形成与接受 … 63

第四章　接续词「しからば」与「さらば」的形成与互动 ……… 86

　第一节　接续词「しからば」的形成 ………………………… 86

　第二节　接续词「しからば」与「さらば」的互动 ………… 98

第五章　接续词的发展与文体——以『今昔物語集』为中心 …… 115

　第一节　不同文体中的接续词 ………………………………… 115

　第二节　『今昔物語集』中接续词的使用情况 ……………… 117

　第三节　与相关文本的比较 …………………………………… 120

　第四节　『今昔物語集』中的高频度接续词 ………………… 125

第五节　小结 ……………………………………………………… 131

第六章　结论和启示 ………………………………………………… 133
　　第一节　汉文训读在日语因果范畴演变中的地位和影响 ………… 133
　　第二节　语言接触下的语言演变——汉文训读的视角 …………… 135

参考文献 ……………………………………………………………… 137

索引 …………………………………………………………………… 144

后记 …………………………………………………………………… 150

第一章

绪 论

第一节 研究背景与研究目的

中日语言接触及其对日语产生的影响是日语发展史中不容忽视的组成部分,同时也是探索翻译书面语型语言接触理论的前瞻性课题。在中日语言接触研究中,汉语借词始终是讨论的重点,但对语义、语法等潜性层面的影响较少有人问津。本书对古代日语中常见的因果范畴标记进行历时考察,探讨汉文训读在其形成与演变过程中的作用,并在此基础上探究以汉文训读为媒介的语言接触对日语产生影响的机制与动因。

日语因果范畴标记一般包括位于句尾的接续助词和位于句首的接续词两类。其中,用于句尾、表示原因理由的接续助词又被称作原因理由表现,是日语接续法(「接続法」)或条件句(「条件表現」)体系的重要组成部分。从历时角度看,在日语接续法和条件句的发展过程中,存在表达形式的逻辑化(「論理化」)和分析化(「分析化」)趋势(阪倉篤義1993;山口尭二1996等)。就因果范畴标记而言,古代日语中一般以条件句「已然形+ば」或「に」「て」等助词形式来承担表示原因理由的语法功能。但是这些表达形式除了有表示原因理由的用法之外,还可用于表示并列、转折等,在用法上具有不确定性。因此,前后项在语义上是否存在因果关系,成为判定该形式是否属于因果范畴的决定性因素。而与上述「已然形+ば」「に」「て」等多重用法的形式不同,中世,尤其是室町时代以后,明确表示因果关系的语法功能标记,如「(が)ゆゑに」「あひだに」「ほどに」「によりて」「さかいに」「ところで」等开始大量出现。近代以后,「から」「ので」取而代之,成为表示因果关系的常用衔接形式。过去的研究认为,因果范畴标记的发展始于室町时代,是古代语向近代语进化的一个重要标志。但是早在院政镰仓时期,以和汉混淆文为主的文献中已出现不少明确表达因果关系的衔接标记。因

此,对于日语因果范畴标记的发展亟待重新考察和认识。此外,对于因果范畴标记的逻辑化和分析化现象产生的原因仍然不明了,有待进一步考证。

中世以后,日语条件表现在形式、用法等方面发生了很大变化。在接续助词不断发展的同时,用于句首、接连句子的接续词的生成与演变也在很大程度上促进了日语条件表现的发展。日语学界认为,接续词是日语中发轫较晚的一类词。它在和文体文本中的使用较少,而在汉文训读体文本中使用较多①。已有的研究大多集中于考察某个接续词的发展或个别作品中接续词的使用倾向,但是对于在日语条件表现逻辑化和分析化的发展过程中接续词所发挥的作用,至今无人提及。

长期以来日语史研究一直在日语内部探索发展的规律和动因,越来越多的研究证明,外来影响同样是日语发展的动力之一。表示因果关系的接续助词和接续词多属于复合语法标记(「複合辞」),如「(が)ゆゑに」「によりて」等。此类复合语法标记一般在物语、随笔等和文体文本中较少出现,但多见于汉文训读体文本。因此,这类词的汉文训读色彩十分浓厚,其形成被认为是受到汉文训读的影响。但这类复合语法标记大都由动词或名词等日语中原有的语素合成、转变而来,因此在考虑汉文训读这一语言接触外力因素作用的同时,还需关注日语内部的自然演变。此外,如果某一用法的形成确实是受到汉文训读的影响,那么当该用法脱离"训读"这一翻译语境后发生的变化也是一个值得探讨的问题。

基于以上研究背景,本书将结合历史语言学和文体学的研究方法,通过对日语因果范畴标记的宏观调查和微观考察,厘清具体标记的生成与演变路径,并在此基础上探讨汉文训读在其生成与演变过程中的作用。研究目的主要包含以下两方面:第一,厘清古代日语中常见因果范畴标记的生成与演变路径;第二,揭示日语因果范畴标记的明示化、条件表现逻辑化和分析化过程中汉文训读的作用,及其对下一个时期的和汉混淆文文体的形成产生的影响。

---

① 本书中出现的"和文",又称"中古和文",主要指成书于日本平安时代的物语、日记、随笔等假名文学。"汉文训读",即以日语的表达方式对古汉语文献进行的逐字翻译(杨金萍、肖平2004),本书特指日本平安初期至院政镰仓时期古训点资料中的汉文训读。

第二节　研究综述与问题所在

本节将对上代至室町时代日语中的因果范畴标记相关研究进行历时梳理，挖掘已有研究存在的问题并阐述本书的研究立场。

日语因果范畴标记中表示原因理由的接续助词类标记的演变一直是日语语法史研究的重要课题。近代以前，关于日语原因理由的接续助词只有零星的记载，譬如冨士谷成章（1773）在『あゆひ抄』中指出，上接已然形的「ば」可释作「によつて」，即表示原因理由的用法①。20世纪以后，相关研究正式展开，迄今已有相当的数量。基于研究视角大抵可归为因果范畴标记的个案研究和演变趋势及动因研究两大类，以下分而述之。

一、因果范畴标记的个案研究

关于日语因果范畴标记的个案研究，大致可分为日语条件表现或接续法范畴下的原因理由用法研究以及因果范畴专用形式研究两类。早期考察以条件表现为主，如松下大三郎（1928）『改撰標準日本文法』（紀元社）、阪倉篤義（1958）「条件表現の変遷」（载『国語学』33）、阪倉篤義（1993）『日本語表現の流れ』（岩波書店）、山口堯二（1980）『古代接続法の研究』（明治書院）、小林賢次（1996）『日本語条件表現史の研究』（ひつじ書房）等都对条件表现体系进行了考察。这些研究均对条件表现中表示必然确定条件的「已然形＋ば」有所提及，指出「已然形＋ば」所承接的前项内容可以作为必然确定条件，表示后项事态成立的原因理由。但是，除原因理由用法以外，「已然形＋ば」也有表示偶然确定条件和恒常确定条件的用法，对于「ば」的用法判定完全取决于前后的语境和文脉②。这种情况也同样存在于助词「に」「を」「て」的接续用法。山口堯二（1980）的研究重视「に」「を」「て」诸表达形式的意义关系和表现手法，认为由助词「に」「を」「て」接续的前后两项内容之间存在因由性，但这种因由性只不过是依存于文脉的一

---

① 近代以前，关于日语条件表现的研究极少。冨士谷成章在『あゆひ抄』中指出，衔接活用语已然形的「ば」的用法之一为『によつて』とも里すべし」。此外，ロドリゲス『日本大文典』对日语中的「接続法」进行了词条的罗列。本居宣长在『詞玉緒』中对「濁るば」有过用法的记述。

② 西田直敏（1977）指出，「ば」本身是不具有任何特定概念的词，顺接、逆接等用法都是根据前后语境或文脉被人为赋予的解释。

种临时用法。山口尧二(1980)还指出,古代日语中存在众多不直接表意而依存于文脉来表示意义关系的表达方式,而这一现象恰好可被视作由日本哲学家中村元指出的"日本人认为相比明示,通过委婉的暗示使对方知晓的方式更有价值"这种固有思维方式的一种体现。

以上研究多在日语条件表现或接续法的范畴下,对格助词或接续助词的原因理由用法进行了探讨。但是,这些格助词或接续助词都不是原因理由的专用形式,除了表示原因理由的用法以外,还具备了其他多种用法。因此,在这些研究中原因理由的用法只作为格助词或接续助词的下位用法之一被论及。

此外,因果范畴专用形式的共时、历时研究次第展开。从历时角度来看,关于上代和歌中的「ため」「ゆゑ」「から」等因果范畴标记的语源及「ゆゑ」「ものゆゑ」「からに」等标记的逆接用法研究居多。如橘純一(1928)(1929)、志村健雄(1931)、菊澤季生(1938)、大野晋(1953)、吉野政治(1990a)(1990b)(1991)(1998)及馬紹華(2015)(2017a)等,可见上代日语中的因果范畴标记一直是日语学者关注的热点。

在中古日语的因果范畴标记中,表示必然确定条件的「已然形+ば」依然被广泛使用。同时,「あひだ」「ほどに」作为原因理由的接续助词在某一类特定文本中开始被使用。鈴木恵(1982)认为「あひだ」的原因理由用法形成于变体汉文(又称「和化漢文」)中;望月郁子(1969)认为「ほどに」的原因理由用法形成于中古和文中。但是「あひだ」的原因理由用法只见于中世以前的变体汉文中,是变体汉文的特殊用法;而关于「ほどに」,如吉田永弘(2000)所说,其用法在平安时代仍处于"重时性"的阶段,前后项的因果关系不过是人为的解读。此外,杉山俊一郎(2012)和清水教子(1984)(1992)也分别对中古和文和变体汉文中的原因理由表现进行了较为宏观的考察。

中世是古代日语向近代日语过渡的转换期。尤其在室町时代以后,日语因果范畴标记发生了很大变化。「已然形+ば」的用法开始由表示确定条件向表示假定条件转变,与此同时,涌现出了「ほどに」「さかいに」「によって」「あひだに」「ところで」等一系列表示因果关系的专用语法标记。阪倉篤義(1958)将「已然形+ば」的用法转变归因为这一时期涌现出的众多专用语法标记。小林千草(1973)、吉田永弘(2000)(2007a)(2007b)等研究则基于中世后期的口语资料,对个别的原因理由表现在用法上的特点及其消长进行了考证。其中,吉田永弘(2000)认为「ほどに」的原因理由用法产生于镰仓时代末期,并指出自室町时

代起,由于「已然形＋ば」开始用于表示一般条件,使得表示必然条件的语法形式出现空缺,而「ほどに」恰好在这一时期填补了这一空缺,因此作为表示原因理由的语法形式被广泛使用。小林千草(1973)则指出从中世到近世,曾经占据绝对优势地位的「ほどに」受到「によって」和「ところで」的冲击,最终导致「によって」替代了「ほどに」在日语中的地位。来田隆(1993)、李淑姫(1998)(2000)、中沢紀子(1996)等相继从用法、构造等角度,对各因果范畴标记在天主教资料、狂言、抄物等文献中的使用情况进行了考察。这些研究大体呈现了中世后期的口语资料中因果范畴标记的概貌。基于以上研究,从古代到中世,日语因果范畴标记的主要变化趋势可总结为:「已然形＋ば」→「ほどに」→「によって」。

此外,也有对个别典型的日语因果范畴标记进行历时考察的研究。例如石垣謙二(1955)对「から」的历史演变进行了考察,馬紹華(2014)对「ものゆゑ」和「ものから」用法的历时变化进行了探讨。

二、演变趋势及动因研究

关于日语因果范畴演变及其动因,阪倉篤義(1958)「条件表現の変遷」(载『国語学』33)、山口堯二(1996)『日本語接続法史論』(和泉書院)、小林賢次(2005)「条件表現史にみる文法化の過程」(载『日本語の研究』1—3)有过较为宏观的考察。阪倉篤義(1958)的研究指出室町时代以后,「已然形＋ば」的用法开始由表示确定条件向表示假定条件转变,同时,「ほどに」「さかいに」「によって」「あひだに」「ところで」等原因理由的表达形式大量出现,两者存在关联。山口堯二(1996)对「あひだ」「ほどに」「から」「まま」等因果范畴标记进行考察,指出自室町时代起,这些标记出现了由间接向直接、由依存向明示发展的趋势,同时,又存在尽量避免使用明示性表达形式的趋势。研究还指出了出现这两种趋势的原因:一是因为间接、暗示的表达形式被惯用后,自然就会变得直接、明示;二是因为无论在任何时代,相比直接、明示的表达形式,间接、依存于文脉的表达形式一般更受欢迎。但是小林賢次(1997)认为山口堯二(1996)只考虑了基于日语语法发展内部原因的推移,缺乏对表达形式使用率、使用频度的考察以及从文体倾向的观点出发的考量,并对上述两种发展趋势之间究竟存在何种关联也持有疑问。小林賢次(2005)还指出,曾带有抽象意义的「あひだ」和「ほどに」发展成为顺接确定条件的表达形式,这种变化可被视作日语条件表现史的语法化现象之一。

　　纵观日语因果范畴相关研究,对上代语及室町时代语中使用情况的考察较多,而对处于两者之间的平安、院政镰仓时期的考察则相对较少①。然而,在平安时代,随着对佛经、汉籍的训读活动的展开,新的表达形式、句法结构层出不穷,日语因果范畴的精密化和多样化趋势也顺势开始,并且超越训读文本,进入院政镰仓时期的和汉混淆文中。因此,本书的重点之一就是通过历时考察,对平安、院政镰仓时期的书面语中的日语因果范畴标记的生成和演变进行描述和分析。

　　此外,以往的相关研究一直在日语内部探索因果范畴标记发展的规律和动因,而忽视了作为外部因素的汉文训读在其发展过程中的影响。关于汉文训读对日语语法的影响,在山田孝雄(1935)『漢文の訓読によりて伝へられたる語法』(宝文館)、大坪併治(1981)『平安時代における訓点語の文法』(風間書房)等学者的研究中早有论及。日语中某些因果范畴标记与汉文训读的关系,也很早就进入了训点语学者的研究视野。築島裕(1963: 709)在『平安時代の漢文訓読語につきての研究』(東京大学出版会)中指出:

　　　　……訓読に格助詞又は接続助詞のように用いられるものが多い。「ヲ以テ」「ニ依テ」などのように格助詞の如き働きを有するもの、「ニ随テ」のように副助詞的な用法を有するもの、「トイヘドモ」「トイフトモ」又は「ガ(ノ)ユヱニ」などのように、接続助詞のような働きを持つたものなどがそれである。これらは、夫々「以─」「依─」「随─」「雖─」「─故」などの漢文の字の訓読に起因するものである。

即训点语中多用「ヲ以テ」「ニ依テ」「ニ随テ」「トイヘドモ」「トイフトモ」「ガ(ノ)ユヱニ」等复合助词,築島裕(1963)认为这些复合助词的产生是由于对「以─」「依─」「随─」「雖─」「─故」等汉字的训读引起的结果。这类复合助词在宣命中也有使用,小谷博泰(1971)「続日本紀宣命の文章と語法─和漢混淆文の源流として─」(载『月刊文法』3─5)也认同築島裕(1963)的观点:

────────────

① 关于近世以后的因果范畴标记,「から」「ので」的形成和交替成为研究的焦点。如田中章夫(1993)「因果関係を示す接続の『デ』『ノデ』の位相」(载『近代語研究』9)、吉井量人(1977)「近代東京語因果関係表現の通時的考察─『から』と『ので』を中心として─」(载『国語学』110)、永野賢(1952)「『から』と『ので』とはどう違うか」(载『国語と国文学』29─2)、前田直子(2009)『日本語の複文─条件文と原因・理由文の記述的研究─』(くろしお出版)等。

（笔者注：宣命では）論理的に明確にするための「とともに」「をもちて」「によりて」などの接続助詞相当語の使用が盛んであるが、これらのあるものは、訓点語の強い影響によると思われる。

即认为宣命中频繁使用的「とともに」「をもちて」「によりて」等接续助词类表达形式是受到了训点语的影响。

也有个别学者对汉文训读的影响提出过质疑。山口佳纪（1993：153）在『古代日本文体史論考』（有精堂）有过以下论述：

……漢文訓読の影響と言うためには、宣命中のある語法が、日本語内部には自然発達し得ないような、翻訳的語法であることを言うか、ないしは、もともと日本語内部に発生した語法であっても、上代の日常会話語として既に滅びており、漢文訓読によって伝えられていた、そういう意味で訓読的な語法であることを言うか……

山口佳纪指出将某一语法界定为于汉文训读的影响时，需要严谨地区分该语法是在日语内部难以自然发展的翻译语法，还是在日语内部产生的，但在上代的日常会话语中既已消亡，而由汉文训读传下来的语法。该研究为我们敲响了警钟，对汉文训读的影响需要有客观的看待。築島裕（1963）、春日政治（1969）等以往的研究大多侧重于对古训点资料中所用语言特征的描述，一般将在古训点资料中频繁出现，但在和文体文献中极少出现甚至不出现的语言现象认定为汉文训读语（又称"汉文训读特征语"），进而认为汉文训读语在古训点资料以外的文献中的出现是受到汉文训读的影响。但是，汉文训读究竟是如何对日语产生影响，在哪些方面对日语产生了影响？影响的途径和机制又是什么？对于这些问题，至今仍缺少深入的研究。鉴于此，本书将以日语中的因果范畴标记为研究对象，探讨汉文训读在其形成与演变中的作用，并在此基础上探究以汉文训读为媒介的语言接触对日语产生影响的机制与动因。

另一方面，日语接续词的发展与日语条件表现，乃至逻辑表现的变迁密切相关。池上禎造（1947）「中古文と接続詞」（载『国語国文』15—12）认为中古日语中尚不存在明确的接续词。福島直恭（2008）『書記言語としての「日本語」の誕生—その存在を問い直す—』（笠間書院）也指出中古和文中接续词在种类和数

量上较少。与中古和文中的情况不同,同时期的汉文训读文中接续词的使用非常丰富。築島裕(1963)、大坪併治(1970)等训点语的研究中均对接续词的使用情况有所涉及。山田孝雄(1929)、永山勇(1970)、京極興一和松井栄一(1973)、藤井俊博(2009)等研究也考察了部分接续词形成于汉文训读文,之后进入院政镰仓时期的和汉混淆文中的过程。可见无论是从日语衔接方式的精密化,还是从汉文训读的影响的观点来说,接续词的发展都是一个值得探讨的方面。因此,表示因果关系的接续词的发展与汉文训读的关系,亦是本书的关心所向。

鉴于以往研究的一些不足,本书将结合日语文体史的发展,对古代日语(上代到院政镰仓时期)中的典型的因果范畴标记进行历时考察,以厘清其生成与演变的路径。同时,对古代日语中的接续词的使用情况进行统计,探讨其与文体的关系。通过以上研究,旨在揭示汉文训读,尤其是佛教汉文的训读对日语因果范畴演变以及日语条件表现发展的影响。

第三节　研究方法与框架结构

日语文体史的发展是早期中日语言文字接触交流史的具体体现。如下图所示,古代汉语通过训读这种介于理解与翻译之间的方式形成汉文训读语。汉文训读语是构成中世和汉混淆文的重要因素之一。因此考察中日语言接触现象,必然要对其过程——古训点资料中的汉文训读语言现象及其阶段性结果——和汉混淆文中的语言融合现象进行史的考察。本书的研究路径见图1-1:

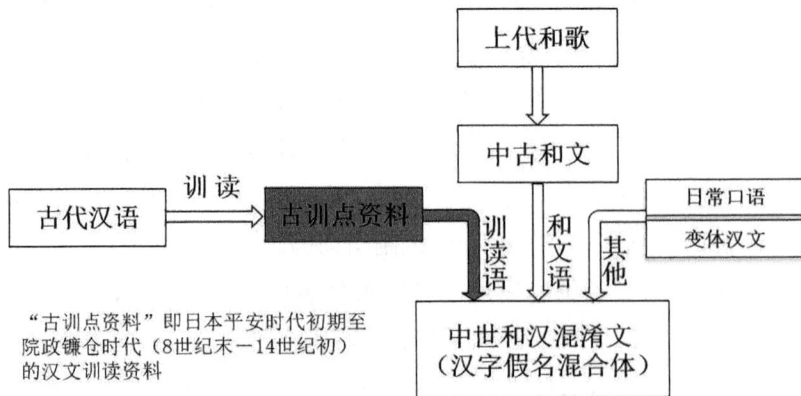

图1-1　本书的研究路径

（1）基于各时期有代表性的古训点资料,考察由汉文训读引发的因果范畴标记及其使用情况,观察固有日语由于与汉字、汉文的接触而引起的变化。

（2）同时不能忽视固有日语的自然演变,对受外部影响较少的和歌、和文中的使用情况进行考察,并充分考虑变体汉文、日常口语等的因素的参与。

（3）多角度考察因果范畴标记在和汉混淆文中的使用情况,探求这些标记在日语中接受与创新的两面性。

本书从广义上将衔接前项与后项,以表示前后项之间存在某种因果关系的表达形式统称为因果范畴标记。一般来说日语因果范畴标记可分为置于句首的接续词类和置于句末的接续助词类。古代日语中形式体言和格助词类的表达形式,有时也发挥着与接续助词相同或相近的语法功能,处于向接续助词过渡的阶段,本书将这类词也视作考察对象。

本书着眼于从上代至院政镰仓时期的日语中的因果关系接续表现,力求实证且立体地揭示汉文训读在日语因果范畴标记发展过程中起作用的机制。研究过程中,重视文献资料的文体性质,兼顾语料性质的平衡,结合日语文体史发展,探讨因果范畴标记演变过程,考察由汉文训读引发的因果范畴标记在日语中接受与创新的两面性。

研究主要涵盖四章的内容:第二章“因果范畴标记「によりて」的形成与发展”,第三章“因果范畴标记「（が）ゆゑに」的形成与发展”,第四章“接续词「しからば」与「さらば」的形成与互动”,第五章“接续词的发展与文体——以『今昔物語集』为中心”。各章的大致内容如下:

一、第二章“因果范畴标记「によりて」的形成与发展”

第一节探讨「によりて」在日语内部的历时演变,以及受汉文训读影响引起的用法上的扩张。第二节通过对和文、汉文训读文、变体汉文文献中用例的统计和整理,重新审视「によりて」接续助词用法产生的原因。

二、第三章“因果范畴标记「（が）ゆゑに」的形成与发展”

第一节聚焦于上代『万葉集』和歌中的「ゆゑ」,对过去被解读为逆接用法的用例进行探讨,重新定位上代语中「ゆゑ」的语义和句法功能。第二节,在第一节观点的基础上,针对「（が）ゆゑに」的接续助词用法,通过考察中古、中世各文体文献中的形式和用法,厘清接续助词用法的生成与演变过程,并阐明和汉混淆

文中广泛使用的「活用語連体形＋φ故」^①的文体性质。

三、第四章"接续词「しからば」与「さらば」的形成与互动"

第一节通过考察上代文献中「しからば」的假名表记例和汉字表记例的用法，比较日语原创文本中的用法与汉籍、佛典中的用法的异同，探讨日语中较早形成的接续词「しからば」的用法及成因。第二节针对中古以后被认为是同义词的「しからば」和「さらば」，探讨两者基于文体产生的用法上的差异和互动。

四、第五章"接续词的发展与文体——以『今昔物語集』为中心"

以和汉混淆文体的『今昔物語集』为主要考察文本，对其纯汉文、变体汉文出典，以及有着类似故事情节的和文文献中的使用情况进行宏观的比较分析，探究接续词的使用倾向与文体之间的关系。

本书将通过以上微观考察和宏观统计，揭示因果范畴标记明示化和条件表现精密化的趋势最早可以追溯到院政镰仓时期的和汉混淆文中，而汉文训读，尤其是佛教汉文训读是导致这种趋势产生的重要契机。

---

① 「φ」表示「故」之前没有助词「ガ」或「ノ」的形式。

第二章

因果范畴标记「によりて」的形成与发展

第一节 「によりて」的原因理由用法与汉文训读

　　古代日语中原因理由①的表达形式大多借助条件表现「已然形＋ば」以及「に」「て」等助词来实现。但是,这些助词除了表示原因理由的用法以外,还有其他一些用法,对于用法的认定多依赖于文脉和语境。和这类多用法的表达形式相比,「によりて」「(が)ゆゑに」「あひだに」「ほどに」等能够比较明确地表示前后项之间的因果关系,但这类复合语法标记在日语中形成的时期较晚。

　　关于上述表示因果关系的复合语法标记,山口尧二(1996)指出,「あひだに」和「ほどに」在镰仓时代末期或室町时代开始由表示场面性关系的用法转变为明确表示原因理由的用法②。小林贤次(2005)指出,「あひだに」和「ほどに」发展为顺接确定条件的表达形式是条件表现史中语法化现象的体现之一。其中「によりて」和「(が)ゆゑに」是较早地在古代日语中被固定下来,并且一直沿用至今的因果关系衔接标记。表示原因理由的复合辞「によりて」由动词「よる」构成,「よる」本身含有「原因する、基づく」之义,因此「によりて」自然具有明确表示原因理由的语义功能。例如:

　　例(2-1)　初花の　散るべきものを　人言の　繁きによりて(尔因而)淀む
　　　　　　　ころかも(『万葉集』4・630)

---

①　这里所说的"原因理由"泛指前后项之间存在因果关系的情况。"目的"是引起后项事态发生的源头,因此也包含在"原因理由"的研究范围内。

②　关于「間」与「ほどに」的原因理由用法成立的过程,铃木惠(1982)和吉田永弘(2000)中有详细的论述。小林千草(1973)则考察了中世口语中的「ほどに」和「によりて」等表示原因理由的诸形式的用法及更替。

例(2-2)　いまは終はりの行ひをせむとて籠りたるが、宮の御事により
　　　　　　て出でたるを、(『源氏物語』薄雲)

例(2-1)与例(2-2)中的「によりて」为「……に起因する」之义,表示前项
「人言の繁き」「宮の御事」分别是引起后项「淀むころかも」「出でたる」的原因。
但关于「によりて」表示原因理由用法的成立,学界一直存在争议,大致可分为
以下两种观点:一是该用法受到汉文训读的影响而产生;二是该用法的产生是
日语自身演变的结果。

築島裕(1963:709)指出「によりて」有着与格助词类似的功能,这源于对
"依"等汉字的训读。也就是说,築島裕(1963)认为「によりて」近似格助词的语
法功能是受到汉字、汉文的训读的影响而产生的。

对于上述观点,山口佳紀(1993)援引『古事記』中的歌谣:

御諸に つくや玉垣 つき余し 誰にかもより(余良)む 神の宮人(『古事
記』歌謡93)

指出动词「よる」可以从该歌谣中的「頼る」之义引申为「……次第である」「……
に左右される」之义,进而衍生出表示原因理由的用法。也就是说,山口佳紀
(1993)认为「によりて」的原因理由用法的成立与汉文训读无关,是日语内部自
然演变而成的用法。

此外,Matsumoto Yo(1997)(1998)从认知语言学的角度,考察了日语后置
词的语法化问题。研究认为,「によりて」在语法化过程中发生意向图式变形:动词
「よる」的语义从"x draw near y"(x → y)变化为"x is attributed to y"(y ← x),进
一步语法化为"x because of y"(y → x)的用法。对于该观点中"从'x is
attributed to y'语法化为'x because of y'的用法"的说法,有研究提出了不同
意见。陈君慧(2005)指出,当「よる」作为"be attributed to"之义被使用时,用例
均出现在与汉文训读相关的文本中,因此从"be attributed to"语法化为
"x because of y"的可能性极低,该用法是从汉文训读中借用过来的可能性更

高①,并提出了「によりて」向原因理由用法语法化的两种可能路径:

（1）「によりて」的部分用例可以同时看作是动词「よる」含有的「好意を寄せる」之义的中止形或表示「原因」的后置词,因此存在从「好意を寄せる」向「原因」转化的可能性。

（2）还存在从同时期「よる」表示「根拠」的用法派生而形成的可能性②。

综上,虽然山口佳紀(1993)、Matsumoto Yo(1997)(1998)、陳君慧(2005)的研究都认为「によりて」的原因理由用法是在日语中自然演变的结果,但在具体的演变路径上存在分歧。因此,本节将基于上代『万葉集』的和歌中所见用例厘清「によりて」原因理由用法形成的路径。

另一方面,值得引起注意的是在具体用法的分布上,例(2-1)和例(2-2)中单纯衔接原因与结果的用法多见于上代、中古的和歌和散文中,但是自院政镰仓时期以后,「によりて」在语义上有了显著的变化,如下用法在说话文学和军记物语中开始大量出现:

例(2-3)　我レ、此功德ニ依リテ人天ニ生レテ冨貴ヲ得ム、……(『今昔物語集』卷二ノ12)

例(2-4)　女、藥ノ方ニ依テ命ヲ存スル事ヲ得テ、……(『今昔物語集』卷二十四ノ9)

例(2-3)和例(2-4)中的「ニ依テ」表示原因理由,但是,其作用不仅在于句法上将前项和后项以因果关系衔接,还在于其带有「……のおかげで」的语义色彩。在例(2-3)和例(2-4)中,「ニ依テ」被用来表示前项「功德」「藥ノ方」对后项

---

① 笔者认为"be attributed to"与「よる」的动词义「原因する」属同一种用法,相关用例在『万葉集』中已经出现,如前文例(2-1)。

② 陳君慧(2005)也指出路径(2)在时间上的前后关系在文献中不能得到确认。该研究按后续行为或状态有无意志性来分类「原因」和「根拠(理由)」两种用法;将引起无意志性的行为或状态的事物称为「原因」,将引起有意志性的行为或状态的事物称为「根拠(理由)」。例如:
　　<原因>君により(尓余里)我が名はすでに龍田山絶えたる恋の繁きころかも(『万葉集』17・3931)
　　<根拠>人言の繁きによりて(尓余里弖)まを薦の同じ枕は我はまかじやも(『万葉集』14・3464)
　　但是,对于3464号歌中的「によりて」,似乎将其按原因来解释更为妥当。如『新編日本古典文学全集』就将此歌解释为「人の噂がひどいからとて、薦で作った同じ枕を、わたしたちはせずにいようか」。因此,笔者同样认为路径(2)难以得到证明。

「冨貴ヲ得ム」「命ヲ存スル事ヲ得テ」这类动作主体希望成立的事态或对动作主体有利的事态的发生具有推动作用。有别于例(2-1)和例(2-2)单纯表示因果衔接关系的用法,例(2-3)和例(2-4)中的「ニ依テ」在这里用来表示含有利益性结果的原因。这可以说是「ニ依テ」新产生的语义特征,笔者将这类用法称为原因理由的"利益性用法"(「プラス的用法」)。本节内容将对上接体言、表示原因理由的格助词用法的「により(て)」在各类文体文本中的使用情况进行历时考察①,探讨「によりて」原因理由用法的成立及语义特征发生变化的根源。

一、「により(て)」原因理由用法的成立

本小节将以『万葉集』和歌为语料,更全面地考察「により(て)」的原因理由用法成立的路径。在『万葉集』中,动词「よる」共计69例。按照「よる」的动作主体和对象语,用例的语义大致可以分为四类。将这四类语义按由实至虚排列,统计各阶段语义的出现频率,结果如表2-1所示。

表2-1　『万葉集』中「よる」的用法

阶段	用　　法	小计
第Ⅰ阶段	〈具体物〉がある〈場所〉に距離的に接近・移動する	26
第Ⅱ阶段	気持ちや心などの〈抽象物〉がある〈人〉に傾く、寄り添う	27
第Ⅲ阶段	ある事態の発生はこの〈人〉に起因する	12
第Ⅳ阶段	ある〈抽象物・事柄〉が原因で、ある事態が引き起こされた	4
	合计	69

(一)　〈具体物〉がある〈場所〉に距離的に接近・移動する(26例)

动词「よる」本为「物や人がある場所に近づく、近寄る」之义,表示一种距离上的接近或移动。在『万葉集』中可以找到如下用例:

例(2-5)　暇あらば 拾ひに行かむ 住吉の 岸に寄る(因)といふ 恋忘れ

---

① 用言接续的「により(て)」将作为本章第二节探讨接续助词用法的考察对象,故在本节中不予考虑。此外,用例剔除了「により(て)」用作疑问词接续的惯用表现「なに(ごと)によりて」「たれによりて」和接续词「これによりて」的情况。

貝（『万葉集』7・1147）

例（2-6）　年魚市潟 潮干にけらし 知多の浦に 朝漕ぐ舟も 沖に寄る（依）見ゆ（『万葉集』7・1163）

例（2-7）　み空行く 月読をとこ 夕去らず 目には見れども 寄る（因）よしもなし（『万葉集』7・1372）

例（2-8）　川上に 洗ふ若菜の 流れ来て 妹があたりの 瀬にこそ寄ら（因）め（『万葉集』11・2838）

　　例（2-5）表示「貝が岸に近寄る」，例（2-6）表示「舟が沖に近づく」。例（2-7）在文面上表示「人が月に寄る」的意思，实为将月亮拟人化，寄托了对遥远恋人的思念之情。例（2-8）在文面上是「若菜が妹（の所）に寄る」的意思，实则将自己的思念寄托于春草，表示「思いを妹に寄せる」的意思。如例（2-7）和例（2-8）所示，「寄る」在『万葉集』中多用于拟人歌和比喻歌，通过隐喻或借喻的手法，用来表达思念、情感等抽象事物。由此可以推断出下文第Ⅱ阶段的语义正是经由表示接近、移动的语义发展而来。此外，我们注意到在第Ⅰ阶段，用例在形式上尚未出现「によりて」的形式。

　　（二）気持ちや心などの〈抽象物〉がある〈人〉に傾く、寄り添う（27例）

　　我们认为第Ⅱ阶段语义是由第Ⅰ阶段的语义抽象化后的结果。在这一阶段，「よる」开始用于抽象事物，表示「気持ちや心のような抽象物が恋人や支配者に傾く、寄り添う」之义。

例（2-9）　明日香川 瀬々の玉藻の うちなびく 心は妹に 寄り（因）にけるかも（『万葉集』13・3267）

例（2-10）　下つ瀬に 小網さし渡す 山川も 依り（依）て仕ふ 神の御代かも（『万葉集』1・38）

例（2-11）　武蔵野の 草はもろむき かもかくも 君がまにまに 我は寄り（余利）にしを（『万葉集』14・3377）

例（2-12）　秋の田の 穂向きの寄れる 片寄りに 君に寄り（因）なな 言痛くありとも（『万葉集』2・114）

在例（2-9）中我们可以看到「心を妹に寄せる」的搭配。例（2-10）是「山川

（神）が天皇に寄る」的意思，语境较为特殊，句中的「よる」可以解释为「身を寄せて帰順する、服従する」之义。关于例（2-11），陳君慧（2005）认为句中的「よる」为「心理的に頼る・従う」之义，有别于「傾く、寄り添う」。但笔者认为该处与和歌上句中的「草はもろむき」相呼应，下句表达了「我は君にひたすら心を寄せた」的意思，作为一种心理距离上的接近来解释也合乎语境。例（2-12）中的「君に寄りなな 言痛くありとも」与「秋の田の 穂向きの寄れる 片寄りに」相呼应，表示「君に寄り添いたい、噂がひどくても」之意。我们可以看到，例（2-12）中「君＋よる＋言痛く」的搭配组合，与下述第Ⅲ阶段的例（2-13）与例（2-14）中的情况非常相近。这些和歌中的「よる」都有类似的搭配，即上接表示人物的名词，下接「言の繁き」或「言繁く」等表现。

再从形式层面来看，虽然在第Ⅱ阶段，「よる」仍属于纯动词的用法，但是在形式上已经开始出现了些许变化：「により」的形式出现7例，用例的前接语均为表示人物的名词。其中，「君」有4例，「妹」有3例。

（三）ある事態の発生はこの〈人〉に起因する（12例）

第Ⅲ类用例中的「よる」表示「もとづく、起因する」之义，在和歌中一般可解释为「（対象物である人）のために・ためなら」。

例（2-13）　君により（因） 言の繁きを 故郷の 明日香の川に みそぎしに行く（『万葉集』4・626）

例（2-14）　年きはる 世までと定め 頼みたる 君により（依）ては 言繁くとも（『万葉集』11・2398）

例（2-15）　我が思へる 妹により（縁）ては 言の忌みも なくありこそと（『万葉集』13・3284）

例（2-16）　我が命は 惜しくもあらず さにつらふ 君により（依）てそ 長く欲りせし（『万葉集』16・3813）

以上四例都可以解释为「君のために」「君のためなら」。值得注意的是，这些和歌中的「よる」的前接语只限于「君」「妹」等表示人物的名词。这类用例在搭配、表达上都与上述第Ⅱ阶段中的例（2-12）非常相近，从「気持ちや心などの〈抽象物〉がある〈人〉に傾く」发展到「ある事態の発生はこの〈人〉に起因する」，在语义上存在的连续性。因此，我们认为，第Ⅲ阶段产生的「もとづく、

起因する」之义是在第Ⅱ阶段的「心を寄せる、寄り添う」之义基础上的延伸，但从其搭配的局限性上来看，还处于尚未完全脱离的阶段。

　　此外，在形式上，「により」2例、「によりては」8例、「によりてそ」2例。虽然有的用例在「により」之后附着了「ては」「てそ」等助词，但可以得到确认的是该阶段「に＋より」在形式上已完全结合。并且出现了如「言の繁き」「長く欲りせし」等丰富多样的后项内容，用法可以解释为「ある事態の発生が前件に〈もとづく、起因する〉」。

　　（四）ある〈抽象物・事柄〉が原因で、ある事態が引き起こされた（4例）

　　第Ⅳ阶段的「よる」只能作原因理由来解释①，表示某抽象物或事件是引起后项事态的原因。

例（2-17）　石上 布留の尊は たわやめの 惑ひに<u>因りて</u>（尓縁而） 馬じもの 縄取り付け（『万葉集』6・1019）

例（2-18）　初花の 散るべきものを 人言の 繁き<u>によりて</u>（尓因而） 淀むころかも（『万葉集』4・630）

例（2-19）　ねもころに 思ふ我妹を 人言の 繁き<u>によりて</u>（尓因而） 淀むころかも（『万葉集』12・3109）

例（2-20）　人言の 繁き<u>によりて</u>（尓余里弖） まを薦の 同じ枕は 我はまかじやも（『万葉集』14・3464）

　　以上四例均采用了「によりて」的形式。「によりて」除了衔接表示人物的名词以外，还可以衔接其他抽象名词和事件，比起第Ⅲ阶段，在对象物的抽象度上有所增加，如例（2-17）的「たわやめの惑ひ」，例（2-18）、例（2-19）、例（2-20）的「人言の繁き」。例（2-17）表示「たおやめの迷いのせいで、馬のように縄を取り付け」之意。例（2-18）和例（2-19）表示「人の噂がひどいゆえに、通うのをためらっている」之意。例（2-20）表示「人の噂がひどいからとて、薦で作った同じ枕を、わたしたちはせずにいようか」之意。在第Ⅳ阶段，「によりて」的用法类似于「せいで」「ために」「から」，明确表示原因理由。由此，我们可以判断「よる」的原因理由用法在第Ⅳ阶段正式形成。

———————————

① 　这里指没有解释为第Ⅰ、Ⅱ、Ⅲ阶段语义的可能。

综上所述,在第Ⅰ和第Ⅱ阶段,「よる」从「(具体物が場所に)距離的接近·移動」之义抽象化为「(心や気持ちが人に)寄せる、寄り添う」之义。这两个阶段的「よる」在例句中都作谓语,是句子或文节的必要组成部分。在第Ⅲ阶段,「よる」以「名詞+により」的形式修饰后续表现中的谓语动词,新的语义「もとづく、起因する」开始形成,但是前接语还只局限于表示人物的名词。到了第Ⅳ阶段,「よる」的前接语开始变得丰富,可用于衔接抽象事物,以「名詞句/動詞句+によりて」的形式,构成句子的从属分句,表示原因理由的用法正式成立。通过上代的『万葉集』和歌中用例的考察,我们可以得出结论:在上代日语中,「により(て)」的原因理由用法已经成立,而该用法的成立与汉文训读无关。

二、和文类资料中「により(て)」的用法

本小节将从语义特征的角度,探讨『万葉集』、中古和文等和文类资料中「により(て)」的原因理由用法。经过调查我们发现,和文类资料中的「により(て)」作为衔接原因和结果的逻辑表达形式,在语义特征上,其用例基本用于表达对动作主体来说,消极或者中性的结果的原因。为了与"利益性用法"相对照,我们将消极及中性的情况统称为"非利益性用法"(「非プラス的用法」)。表2-2是将和文类资料中的用例按"利益性用法"和"非利益性用法"分类整理的结果。作为参考,将对动作主体来说明显消极的例句数量表示在( )中。

表2-2 和文类资料中「により(て)」的用法①

资　料	利益性用法	非利益性用法	小计
万葉集	0	16(3)	16
竹取物語	0	0(0)	0
伊勢物語	0	0(0)	0
土佐日記	1	1(0)	2
大和物語	0	2(1)	2
平中物語	0	1(1)	1
蜻蛉物語	0	4(0)	4

---

① 中古和文的和歌中所见用例统计于「物語和歌」中。

资　料	利益性用法	非利益性用法	小计
落窪物語	1	4(0)	5
枕草子	0	0(0)	0
和泉式部日記	0	1(1)	1
源氏物語	0	36(10)	36
紫式部日記	0	0(0)	0
堤中納言物語	0	0(0)	0
更級日記	1	0(0)	1
大鏡	1	9(7)	10
讃岐典侍日記	0	0(0)	0
古今集	0	3(2)	3
物語和歌	0	6(3)	6
合計	4	83(28)	87

　　如表2-2所示，和文类资料中表示原因理由的「により（て）」共计87例，其中绝大多数是非利益性用法，出现频率高达83例。

例（2-21）　男、女、あひ知りて年経にけるを、いささかなることによりてはなれにけれど、（『大和物語』）

例（2-22）　「また女人のあしき身を受け、長夜の闇にまどふは、ただかやうの罪によりなむ、さるいみじき報いをも受くるものなる。」（『源氏物語』夕霧）

例（2-23）　二条院の上は、まだ渡りたまはざりけるを、この試楽によりぞ、えしづめはてで渡りたまへる。（『源氏物語』若菜下）

例（2-24）　御病により金液丹といふ薬を召したりけるを、（『大鏡』天六十七代三条院居貞）

　　从表2-2中可以看出，和文类资料中的「により（て）」基本用于表达对动作主体而言消极或者中性的事态。例（2-21）表示「ちょっとしたことのせいで、別れてしまった」之意，例（2-22）表示「愛欲の罪のせいで、恐ろしい報いを受

ける」之意。在这两例中，「により（て）」都用于表达对主体不利，或主体不希望发生的事态的原因。例（2-23）是「試楽のためにお帰りになった」的意思，例（2-24）是「ご病気のために薬を服用なされていた」的意思。这两例可视作较为中性的情况。

此外，我们在和文类资料中也发现了「により（て）」表示利益性用法的用例，但是出现频率极低，仅有如下4例：

例（2-25）　おぼろけの願によりてにやあらむ、風も吹かず、よき日出で来て、漕ぎ行く。（『土佐日記』二十一日）

例（2-26）　〈世次〉「おほかた昔は、前頭の挙によりて、のちの頭はなることにてはべりしなり。」（『大鏡』地 太政大臣伊尹謙徳公）

例（2-27）　〈別當〉「仏師にて、仏をいと多く造りたてまつりし功徳によりて、ありし素姓まさりて人と生まれたるなり。」（『更級日記』宮仕えの記）

例（2-28）　〈大納言〉「御徳により、面目ある目を見はべりつる」と、（『落窪物語』巻之四）

值得注意的是，这四例均出现在『土佐日記』『大鏡』等男性作者的作品，或者有着较高汉文素养的人物的对话中。同时，「により（て）」都接在汉语「願」「挙」「功徳」「徳」之后，这在以平假名书写的和文体文本中是非常罕见的。基于以上两点，我们可以推断和文类资料中的这四个例子的出现与汉文训读有着密切关系。此外，在和文中「により」的形式占到了全体用例的多半，而利益性用法的这四个例子中，有三例是「によりて」的形式。这也暗示着利益性用法与汉文训读的影响有关①。

通过以上考察可以发现，在和文类资料中「により（て）」广泛使用于和歌、

---

① 汉文训读文与和汉混淆文中基本上专用「によりて」的形式，而在和文中「により」的形式更为多见。築島裕（1963）指出，「によりて」是汉文训读语中频繁使用的形式，但在和文中也有出现；相反，「により」则不用于汉文训读文，而在和文中多用于庄重严肃的发言中。据笔者统计，中古和文中，「により」有48例，「によりて」有23例。考察之初尝试过将两者分开进行统计，但结果发现两者在用法、时代、分布上并无明显差异，故本研究将两者做统一处理，以「により（て）」示之。

日记、物语、随笔等文学体裁中,但其往往不具有利益性的语义特征,非利益性用法是和文类资料中较为固定的用法。因此,「により(て)」的利益性用法在和文类资料中的出现只能视作一种特殊情况。从用例的分布和前接语的性质来看,这种特殊情况的出现与该时期广泛展开的汉文训读活动有很大关系。

三、汉文训读文中「ニヨリテ」的用法

本小节将基于古训点资料探讨汉文训读文中「ニヨリテ」利益性用法产生的原因。

据築島裕编『訓点語彙集成』(汲古書院、2007—2009),「ヨル」在古训点资料中被用于"依""因""由""據""憑""緣"等57个汉字的训读。其中,「依」「因」「緣」三字在上代『万葉集』的和歌中已作为「ヨル」的汉字表记被使用。由此可见,在很早的时期,这些汉字已经与「ヨル」的原义「寄る」以及其他引申义相结合。在平安时期的训点资料中,还存在将"依"字作为"憑""據""仗""乘""資"等字的训字(「訓字」),来表示这些汉字的训读方法或语义的情况①。并且,在古记录与和汉混淆文中,「ニヨリテ」的汉字表记往往都是「依」字②。鉴于以上情况,我们可以断定自平安时期以后,在日本人书写或创作的文章中,汉字"依"与和语「ヨル」存在不可分割的联系。

关于汉字"依",《说文解字》云"依,倚也",即"依"本为「もたれる(倚)」之义。『篆隸萬象名義』载"依、怙、助",即"依"亦有「たのむ/たよる(怙)・たすく(助)」之义。包括在现有的注释及字义的研究中,我们并没有发现关于"依"表示原因理由之义的记载③。此外,笔者还调查了《论语》《史记》等汉籍资料中"依"

---

① 築島裕(1967)指出,训字"依"的作用在于表示所注汉字训读作「ヨル」,但是鉴于有同时施以汉字注释和假名注释的情况(如「D 資 ヨリ、依也」(九ノ108)),也可认为训读方法由「ヨル」来表示,「依也」只具有表示意义的作用。

② 中古以后的古记录在用字上会遵循一定的原则,用于句末的接续助词「ニヨリテ」基本上是以「依」字来表记,接续词「ヨリテ」则用「仍」字来表记。在『今昔物語集』与『延慶本平家物語』等和汉混淆文文体的文献中,「ニヨリテ」的汉字表记都统一为「依」。

③ 《论语注》中虽有"因,猶依也"的注解,但是仍不足以此断定"依"字有原因理由的用法。『校訂訓譯示蒙』(荻生徂徠著・篠田正作校)指出,「由是、因是ナドノヨツテニ倭儒混用スルハアヤマリナリ、其病根ハ朱子ノ注法ヲ忘レタルユヘナリ。論語学而編注ニ因猶依也トアルニヨリ、因ト依ト同意ト意得タルナリ。查该注释的本文,为"因不失其親、亦可宗也"。另外,宫崎市定著『論語の新研究』(岩波書店,1974)指出,处有的"因"有「たよりにする意にとるもの、姻と同じと見るもの、因循の因とみるもの」等多种解释,存在争议。因此,"依"与"因"不能视作同义。

字的使用情况①,也没有发现有表示原因理由的用例。

然而,以上研究只记述了"依"字在汉籍中用法,缺乏对佛教汉文中用法的考察。在佛教汉文中,我们发现了"依"字的特殊用法,这与日语中「ニヨリテ」原因理由的利益性用法的形成密切相关。本小节将以平安初期至院政镰仓时期的训点资料中被训读为的「ニヨリテ」的实例为考察对象,探讨用例的语义特征及原汉字的倾向。将各训点资料中的用例按"利益性"和"非利益性"的语义特征进行分类整理,结果如表2-3所示。再将用例中的汉字按用法的语义特征进行分类整理,结果如表2-4所示。对明显具有消极意义的例句数量表示在( )中。

表2-3 汉文训读文中的用法

资　料	利益性用法	非利益性用法	小计
金光明最勝王経	49	11(6)	60
三蔵法師表啓	1	0(0)	1
地蔵十輪経	53	30(20)	83
南海寄帰内法伝	0	4(2)	4
妙法蓮華経	1	0(0)	1
三蔵法師伝	18	17(4)	35
白氏文集	0	2(2)	2
論語	0	0(0)	0
史記	0	0(0)	0
荘子	0	0(0)	0
遊仙窟	2	1(0)	3
合計	124	65(34)	189

表2-4 汉字与用法的对应

汉字	利益性	非利益性	小计
由	65	32(20)	97
因	13	23(11)	36

① 笔者通过台北"中央研究院"《古汉语语料库》调查了《毛诗》《论语》《孟子》《庄子》《战国策》《史记》《淮南子》中"依"字的使用情况。

（续表）

汉字	利益性	非利益性	小计
依	31	0(0)	31
縁	3	4(1)	7
憑	5	0(0)	5
為	0	4(2)	4
従	2	2(0)	4
託	1	0(0)	1
資	1	0(0)	1
籍	1	0(0)	1
頼	1	0(0)	1
乗	1	0(0)	1
合计	124	65(34)	189

　　表2-4示出了训点资料中原汉字的用法倾向。"由""因""依"的出现频率较高,是常被训读为「ニヨリテ」的汉字。值得引起注意的是,非利益性用法的用例集中出现在出现频率较高、原因理由的语义较为固定的汉字,如"由""因""縁""為"。而利益性用法的用例分布则较为分散,而除了"為"字以外,几乎所有的汉字都有利益性用法的用例。尤其是"依"字,用例无一例外,都为利益性用法。原因在于,汉字"依"是从表示「たのむ/たよる(恃)・たすく(助)」意义的动词虚化演变而来,在语境上形成表示「……に頼って/の助けで、……」的意思,从而成为表示对动作主体而言具有利益性结果的原因标记。

　　从表2-3中可以发现,训点资料中「ニヨリテ」的用例集中出现在『金光明最勝王経』『地蔵十輪経』等佛教汉文的训读中。其中,非利益性用法有65例,利益性用法则多达124例。

　　首先,对与和文类资料中的「により(て)」相同的非利益性用法进行确认。

例(2-29)　何以故、慳貪に由(り)て、〔於〕生死の中にして、諸の苦悩を受く。

　　　　　何以故。由慳貪於生死中受諸煩悩。(『金光明最勝王経』卷七127—20)

例（2-30）数百年前ノ前ニ雷震ニ因（リ）テ山崩ル。

　　　　　数百年前因雷震山崩。（『三蔵法師伝』E 巻五418）

例（2-31）求法ニ因（リ）テ師友ヲ尋ネ訪フ。

　　　　　因求法尋訪師友。（『三蔵法師伝』C 巻九385）

　　在例（2-29）和例（2-30）中，前项「慳貪」「雷震」是引起后项「苦悩を受く」「山崩ル」这些动作主体不希望发生的事态的原因。例（2-31）中，「求法」是引起后项「師友ヲ尋ネ訪フ」这一行动的理由（目的）。这些用法与和文类资料中「により（て）」的用法相同。

　　另一方面，「により（て）」的利益性用法在和文类资料中极为罕见，但在汉文训读文中用例颇为丰富。

例（2-32）　此は一切の功徳善根に依（り）て〔而〕生起すること得。

　　　　　　此依一切功徳善根。（『金光明最勝王経』巻四61—5）

例（2-33）　諸有ノ悪業、今ノ小疾ニ因（リ）テ竝（ヒ）ニ消エ祢クルコトヲ得タリ。

　　　　　　諸有悪業因今小疾並得消祢。（『三蔵法師伝』C 巻十114）

例（2-34）　此の經の威力に由（り）て、能ク諸の災横を離レ、及餘の衆の苦難をも、皆除滅セず〔不〕といふこと無ケむ。

　　　　　　由此經威力。能離諸災横。及餘衆苦難。無不皆除滅。（『金光明最勝王経』巻一5—10）

例（2-35）　師（ノ）〔之〕寿命、今自（リ）已去、更（ニ）十年可（リ）ナリ、若（シ）餘福ニ憑（リ）テ轉續セムコトハ、……

　　　　　　師之壽命自今已去更可十年。若憑餘福轉續……（『三蔵法師伝』E 巻五11）

例（2-36）　この定力に由（り）て〔令〕彼の佛土の一切の有情をして、皆悉、同（じく）諸の三魔地の所行の境界を見しめム。

　　　　　　由此定力令彼佛土一切有情皆悉同見諸三摩地所行境界。（『地蔵十輪経』巻一214）

　　在例（2-32）至例（2-36）中，「ニヨリテ」的前项多为「力」「功徳」「善根」等对

动作主体而言具有恩惠或利益的事物。「ニヨリテ」的后项则常出现「VP＋コト
（ヲ）得」的结构，如例（2-32）和例（2-33）。例（2-34）和例（2-35）中，后项「苦難を
除滅す」「寿命が転続す」均为动作主体所希望发生的利益性结果。例（2-36）中，
「ニヨリテ」后接使役句，是向佛祖祈愿时使用的典型句式，多见于佛教汉文类
资料①。这些例句中的「ニヨリテ」都是在「……に頼って／助けで……」的语义
基础上，表示以前项为原因、契机（「……が原因／きっかけで……」），引起了主
体希望看到的后项结果。

　　值得注意的是，例（2-32）和例（2-35）中"依"字的用法。例（2-32）中的"依"
字用于表示好的结果的原因。此类例句在佛教汉文『金光明最勝王経』『三蔵法
師伝』『地蔵十輪経』中共计出现31次。而在汉籍类的『遊仙窟』中，利益性用法出
现2例，但这2例中的原汉字是"因"字，而非"依"字。由此可以推断，原因理由的
利益性用法是佛教汉文中"依"字的特殊用法。此外，例（2-35）中，用"依"字来表
示"憑"字的训读方法或者意义，可以看出"依"字是僧侣较为熟悉并且较常使用
的汉字。据山本真吾（2005）考证，当将接续词「これによりて」需要用汉字来表
记时，在私人文书中，俗家多用「因茲」，僧侣比俗家更倾向使用「依之」。鉴于以
上情况，可以判断在僧侣的世界中有用"依"字来表示原因理由的用字习惯。

　　此外，在平安时期的公家日记和古文书等记录体文献中「依」的出现频率也
极高。如：

例（2-37）　四日、依穢改日祭之。（『貞信公記』延喜十年二月四日）

例（2-38）　今日行幸依雨当時停止。（『小右記』天元五年五月五日）

例（2-39）　依御物忌、舞人・陪従宿候。（『御堂関白記』長保一年三月二
　　　　　　七日）

　　但如例（2-37）至例（2-39）所示，当「依」作原因理由标记时，均为非利益性
用法，其衔接的内容也多为「物忌」等类似事物。虽同为变体汉文，但公家却不使
用「依」字来表示利益性用法，这进一步表明"依"来表示利益性结果的原因是佛
教汉文的特征。

---

① 「ニヨリテ」在这里也可以解读为表示手段、方法。但是在类似的文脉中，"依"可与表示原因理由的
　"故"字替换，如「功徳妙定威神力の故に、〔令〕彼の一切に果実を豊稔（なら）しめたまひ（ぬ）」
　（『地蔵十輪経』第一388）。因此，笔者将此类「ニヨリテ」当作原因理由用法来处理。

综上所述，在汉文训读文中，「ニヨリテ」作为"依""因""由"等语义相近的汉字的训读，在长期的训读中与这些汉字紧密结合，不可避免地受到了这些汉字语义的影响，从而产生了在固有日语①中不曾有的义项。

四、新用法在和汉混淆文中的受容

经过对比发现，与和文类资料中「により（て）」的用法不同，汉文训读文中的「ニヨリテ」吸收了佛教汉文中"依"字的用法，在语义上出现了独特的含有利益性的态度意义。本小节将以院政镰仓时期的文献为语料，考察在平安时期的训读文本中产生的利益性用法在下一个时期的佛教说话集、军记物语等和汉混淆文文献，以及存在和汉混淆现象的和文类文献中的使用情况。考察结果如表2-5所示。

表2-5　院政镰仓时期资料中的用法

资　料	利益性	非利益性	小计
天竺震旦部	72	60(39)	132
本朝仏法部	71	71(39)	142
本朝世俗部	8	21(8)	29
今昔全体	151	152(86)	303
三宝絵	11	5(2)	16
法華百座聞書抄	5	4(2)	9
金沢本仏教説話集	6	3(3)	9
十訓抄	4	15(6)	19
沙石集	24	32(16)	56
宇治拾遺物語	4	16(10)	20
延慶本平家物語	20	49(20)	69
高野本平家物語	12	35(26)	47
徒然草	0	0(0)	0
三教指帰注	1	0(0)	1
光言句義釈聴集	3	1(0)	4

---

①　这里的"固有日语"是指，没有受到汉文训读等外来影响的原生和语，即「大和言葉」。

资　　料	利益性	非利益性	小计
歎異抄	1	0(0)	1
合计	242	312(171)	554

在中古和文中，「により（て）」的非利益性用法占据绝对优势，而利益性用法仅有4例，我们认为该用法在当时的原创文本中只是一种极为特殊的异质存在。进入院政镰仓时期，如表2-5所示，说话文学和军记物语等和汉混淆文文献中，「によりて」的利益性用法的用例逐渐增加，呈现出一般化的趋势。尤其是在『今昔物語集』的天竺震旦部、『三宝絵』『法華百座聞書抄』『金沢文庫本仏教説話集』等佛教説话集以及『三教指帰注』『光言句義釈聴集記』『歎異抄』等阐述佛教教理的相关文献中，利益性用法的使用频率显著升高，甚至超过了非利益性用法的使用频率。

例(2-40)　臨終十念ニヨリテ、カナラス極楽ニ往生スヘシ。（『法華百座聞書抄』ウ377）

例(2-41)　金剛般若経ヲ轉讀シ給ヒシヲ聞シ功德ニ依テ、今、人間ニ生ズル事可得シ。（『今昔物語集』巻七ノ10）

例(2-42)　其モ前世ノ福報ニ依コソ、其帯モ得メトナム語リ傳ヘタルトヤ。（『今昔物語集』巻二十六ノ12）

例(2-43)　月蓋長者ガ祈請ニヨリテ、龍宮城ヨリ閻浮檀金ヲ得テ、（『延慶本平家物語』上247②）

在例(2-40)至例(2-43)中，前项「臨終十念」「功德」「福報」「祈請」分别是后项「極楽ニ往生スヘシ」「人間ニ生ズル事可得シ」「帯モ得メ」「閻浮檀金ヲ得テ」这类动作主体希望见到的事态成立的原因。特别是在出现频率较高的『今昔物語集』中，虽然「ニ依テ」的用例整体偏居在天竺震旦部和本朝佛法部，但是在具体用法上我们可以发现其与文体的对应关系：天竺震旦部中利益性用法较多，本朝佛法部中二者恰好相同，本朝世俗部中非利益性用法较多。鉴于『今昔物語集』以第二十卷为界，分别偏向汉文训读体和和文体的文体特征，这样的用例分布反映出「ニ依テ」的利益性用法在文体上与汉文训读调有关，而非利益性

用法与和文调有关。此外,「ニ依テ」的利益性用法也散见于『今昔物語集』的本朝世俗部以及『宇治拾遺物語』等和文调较强的文献中,从中可以看出该用法在院政镰仓时期已经逐渐开始一般化,被原创日语所接受。

为了进一步论证这一点,下面将详细对照『今昔物語集』中的「ニ依テ」的用例与出典汉文的关系。据岩波书店日本古典文学大系,天竺震旦部中的说话较为可靠出典是《三宝感应要略录》《冥报记》和《孝子传》,本朝佛法部的可靠出典是『法華驗記』『日本霊異記』和『日本往生極楽記』①。

经过对照,我们发现用于利益性用法的「ニ依テ」与出典的关系可以分为以下四种情况:①对出典汉文中"依"字的沿袭(以下称作"沿袭");②与"因""由""以"等语义相近的汉字的替换(以下称作"替换");③出典汉文中无对应汉字,但作者根据前后的因果关系予以附加(以下称作"附加");④包含「ニ依テ」的整个句子在出典汉文中找不到相对应内容(以下称作"无对应内容")。考察结果整理于表2-6中。对非利益性用法也采用相同的分类方法,结果整理于表2-7中。

表2-6　利益性用法的用例与出典的关系

	天竺震旦部	本朝仏法部
沿袭	2	22
替换	3	6
附加	3	2
无对应内容	5	19
合计	13	49

表2-7　非利益性用法的用例与出典的关系

	天竺震旦部	本朝仏法部
沿袭	0	15

---

① 关于内容的出典,笔者参考了岩波书店日本古典文学大系本『今昔物語集』的头注。调查时使用的版本如下:前田育徳会尊経閣文庫編集(2008)『三宝応要略録』(尊経閣善本影印集成)(八木書店)、説話研究会編(1999)『冥報記の研究』(勉誠出版)、幼学の会編(2003)『孝子伝注解』(八木書店)、藤井俊博編著(1996)『大日本国法華経験記:校本・索引と研究』(和泉書院)、藤井俊博編(1999)『日本霊異記漢字総索引』(笠間書院)以及『日本思想大系』之『法華驗記』『往生伝』(岩波書店)。

（续表）

	天竺震旦部	本朝仏法部
替换	4	2
附加	0	0
无对应内容	9	22
合计	13	39

例(2-44)　「此ノ善根ニ依テ、汝、浄土ニ可生シ」ト。(『今昔物語集』巻
　　　　　十三ノ8)　　　　　　　　　　　　　　　　　　　　【沿袭】
出典: 依是善根、生於浄刹。(『法華験記』上19)
例(2-45)　其ノ力ニ依テ、狗ノ報ヲ轉ジテ、(『今昔物語集』巻十四ノ21)
　　　　　　　　　　　　　　　　　　　　　　　　　　　　【替换】
出典: 因其善力、轉狗果報。(『法華験記』中53)
例(2-46)　今生ニ法花経ヲ誦セル功徳ニ依テ、遂ニ生死ヲ離レ菩提ニ
　　　　　可至シ。(『今昔物語集』巻十四ノ23)　　　　　　【附加】
出典: 今生読誦法華、功徳薫習、遠離生死、當證涅槃。(『法華験記』上24)

　　如表2-6所示,在出典自汉文的用例中,「ニ依テ」的利益性用法在天竺震旦
部和本朝佛法部分别有13例和49例。例(2-44)中的「ニ依テ」沿袭了原出典汉文
中的"依"字,这样的用例在天竺震旦部中只有2例,但在本朝佛法部中有22例之
多。例(2-45)将出典汉文中的"因"字替换成了「ニ依テ」,这样的用例在天竺震
旦部和本朝佛法部各有3例和6例。例(2-46)的出典汉文中并没有表示衔接的成
分,但今昔的作者在创作时附加上了「ニ依テ」以示前后文关系,这样的用例在
天竺震旦部和本朝佛法部各有3例和2例。此外,无对应内容的用例在天竺震旦
部和本朝佛法部各有5例和19例。不难看出沿袭之外的用例也占有相当比例。这
说明「ニ依テ」的利益性用法并不完全左右于出典,在一定程度上已经达到可以
自由运用的程度。总体来看,院政镰仓时期的「ニ依テ」的利益性用法还是多见
于佛教说话集,以及有关佛教的内容中。由此可以推断,该用法是僧侣的一个语
言习惯,是由经熟悉佛教汉文中"依"字用法的僧侣之笔才在和汉混淆文中得以
接受、沿用的。
　　表2-7示出了「ニ依テ」的非利益性用法的用例和出典的对应情况。天竺震

且部中,「ニ依テ」与出典汉文中"因""由"等汉字的替换出现了4例。有趣的是,在中国的佛教汉文中,"依"不用于表示非利益性的原因理由,因此在这里也自然不会出现直接沿袭的用例。但在本朝佛法部中,沿袭自日本佛教汉文『法華験記』中「依」字的比例极高。表2-6中利益性用法的沿袭22例中有21例出自『法華験記』;表2-7中非利益性用法的15例均沿袭自『法華験記』中的「依」字。如:

例(2-47) 「我レ、宿世ノ報ニ依テ二ノ目盲タリ。」(『今昔物語集』卷十三ノ26) 【沿袭】
出典: 依宿世報、二目忽盲。(『法華験記』下122)

在日本的佛教汉文中,「依」字既可用于表示利益性用法,同时又可用于表示非利益性用法。换言之,中国佛教汉文系统的用法与和文系统的用法在日本的佛教汉文中得到了融合。笔者认为这是「ニ依テ」在『今昔物語集』等和汉混淆文,乃至后世文献中得以广泛运用的重要原因之一。

五、小结

本节考察了「よる」从表示接近的动词到表示原因理由的复合语法标记「によりて」的演变路径,结果表明,「により(て)」的原因理由用法在上代日语中已经成立。作为较早可以明确表示原因理由的表达形式,「により(て)」在和文中也有一定程度的使用,但在用法上还存在一定局限性。本节还重点考察了「により(て)」的原因理由用法中带有特殊语义的利益性用法的形成及其在和汉混淆文中的接受。造成这种语义变化的根本原因是因为受到了汉文训读,尤其是佛教汉文训读影响。本节进而描述了自平安时代以后,由经僧侣之笔沿用至日本的佛教汉文与和汉混淆文文献中的过程。

在"汉文训读"这一近似翻译的行为中,训点施加者认识到由"依"等汉字衔接的前项与后项之间存在某种因果关系,从而将"依"等汉字训读为表示原因理由的「ニヨリテ」。和语「ニヨリテ」与汉字结合之后,受到"依"等汉字中"赖、助"语义的影响,成为表示对动作主体而言有某种利益性结果的原因理由标记。由此,扩大了日语中「ニヨリテ」的表达范围。此用法与现代日语中的「おかげ

で」的用法和语感极为相似。而鉴于「おかげで」的原因理由用法成立于近世以后①，以及古代日语中尚无类似的表达形式，我们可以认为，在汉文训读文中产生的「ニヨリテ」作为表示利益性结果的原因理由标记，丰富了古代日语原因理由表现的类型。

第二节　「により（て）」的接续助词用法与文体

通过上一节的考察可知「により（て）」的原因理由用法在上代已经成立。从历时来看，在上代，「により（て）」基本上是体言接续（「体言接続」），其前接语多为表示人物的名词，用言接续（「用言接続」）的用例只有「人言の繁き」一种；而自中古以后，用言接续（包含助动词）的用例增多，前接语的种类也变得丰富，语法化程度不断加深。关于「ニヨッテ」的接续助词用法，吉田永弘（2007a）（2007b）指出，在中世文献（特别是抄物和狂言）中，「ニヨッテ」接续助词的用例不断增多，并认为相比其他文体，变体汉文中「ニヨリテ」的使用频率和承接活用语的比例较高，据此可以推断「ニヨッテ」的接续助词用法源于变体汉文。但是，吉田永弘（2007a）（2007b）的考察忽视了一点，即虽然平安时代的汉文训读文中只有「ニヨリテ」一种形式，但和文中有「により」和「によりて」两种形式并存的情况。由于我们无法确定变体汉文中的「依」字究竟该读作「ニヨリ」还是「ニヨリテ」，因此在考证用法的变迁时，应该将和文中出现频率较高的「により」的形式也纳入考察范围。

鉴于以上情况，本节将通过考察和文、汉文训读文、变体汉文中「により（て）」的接续助词用法，对各文体文献中的用法特征进行再整理，从文体论的角度，重新探究「により（て）」接续助词用法的性质。

一、各文体中「により（て）」接续助词用法的使用情况

本小节将聚焦于用言接续的「により（て）」，考察其在和文、汉文训读文、变体汉文中的使用情况。

---

① 参阅馬紹華（2017c）。

（一）中古和文中的使用情况

　　吉田永弘（2007a）（2007b）在考察「によって」的接续助词用法时，只注意到「によりて」的情况，而没有将「により」作为考察对象。但是，在中古和文中，「により」和「によりて」两者都有使用，且「により」的使用频率更高。築島裕（1963：61）指出，附有「テ」的「ニヨリテ」虽是汉文训读文里常见的形式，但在和文中也有出现；没有「テ」的「により」不用于训读文中，在和文中多用于庄重严肃的会话部分。也就是说，「により」和「によりて」虽然基于文体有使用形式上的不同，但在和文中存在两者兼用的情况。因此，本小节首先从用法和分布角度，分别考察「により」和「によりて」的接续助词用法在和文中的发展程度。

　　将用例按体言接续和用言接续分类，再将其中用言接续的用例从形式上分为「により」和「によりて」，从内容上分为叙事部分和会话部分，统计中古和文文本中体言接续和用言接续的用例数量和比例，结果如表2-8所示。

表2-8　和文中「により（て）」的分布

资　料	体言接续	用言接续				小计	合计
		「により」		「によりて」			
		会话部分	叙事部分	会话部分	叙事部分		
竹取物語	0	0	0	3	0	3(100%)	3
伊勢物語	0	0	0	0	1	1(100%)	1
土佐日記	2(100%)	0	0	0	0	0	2
大和物語	2(100%)	0	0	0	0	0	2
平中物語	1(100%)	0	0	0	0	0	1
蜻蛉日記	4(100%)	0	0	0	0	0	4
落窪物語	5(100%)	0	0	0	0	0	5
枕草子	1(50%)	0	0	1	0	1(50%)	2
和泉式部日記	1(100%)	0	0	0	0	0	1
源氏物語	39(52%)	19	11	3	3	36(48%)	75
紫式部日記	1(100%)	0	0	0	0	0	1
堤中納言物語	0	0	0	0	0	0	0

（续表）

资　　料	体言接续	用言接续				小计	合计
		「により」		「によりて」			
		会话部分	叙事部分	会话部分	叙事部分		
更級日記	1(100%)	0	0	0	0	0	1
大鏡	11(52.4%)	6	0	4	0	10(47.6%)	21
讃岐典侍日記	1(50%)	0	0	1	0	1(50%)	2
古今和歌集	3(100%)	0	0	0	0	0	3
物語和歌	7(100%)	0	0	0	0	0	7
合计	79(60.3%)	25	11	12	4	52(39.7%)	131

　　表2-8中的中古和文资料按成书的大致时间顺序排列。从总体上似乎不能看出「により」和「によりて」随时间在使用倾向上的变化。其中『源氏物語』和『大鏡』中用例数量较多，「により」和「によりて」的合计出现频率各为75例和21例，远高于其他文献。『源氏物語』和『大鏡』中，用言接续的比例占到近5成，并且和文类资料的合计用例中用言接续的比例也达到了近4成，较上代『万葉集』中的用言接续比例（3/16＝18.8%）显著提高。对用言接续的统计结果显示，「により」的用例合计36例，而「によりて」只有16例，前者数量是后者的2倍以上。并且「により」和「によりて」的用言接续的用例都集中在会话文中。因此，将「により」的用例纳入考察范围，我们发现和文中用言接续的绝对数量并不低。

　　再以「により（て）」的前接语的词类及助动词的类别为基准对用例进行分类，具体来看「により（て）」的语法化程度，详见表2-9。

表2-9　和文中用言接续的「により（て）」的前接语

类　　别	竹取	伊勢	枕草子	源氏	大鏡	讃岐	小计
動詞連体形（敬語動詞）	0	0	0	6(1)	4(2)	1(1)	11
形容詞連体形	0	0	0	9	2	0	11
形容動詞連体形	0	0	0	0	0	0	0

（续表）

类 别			竹取	伊勢	枕草子	源氏	大鏡	讚岐	小计
助動詞の連体形	過去	シ	0	0	1	2	0	0	3
		ケル	2	0	0	0	0	0	2
	完了	ツル	0	0	0	0	0	0	0
		ヌル	0	0	0	1	0	0	1
		タル	0	0	0	0	0	0	0
	推量	ル	0	1	0	0	1	0	2
		ム	0	0	0	2	0	0	2
	断定	ベキ	0	0	0	4	0	0	4
		ナル	0	0	0	0	0	0	0
	打消	タル	0	0	0	0	0	0	0
		ヌ	1	0	0	2	0	0	3
	打消推量	ザル	0	0	0	0	0	0	0
	受身・尊敬	マジキ	0	0	0	1	1	0	2
	使役	ルル・ラルル	0	0	0	0	0	0	0
		シムル	0	0	0	0	0	0	0
存在表現アル（ハベル）・ナキ			0	0	0	5(2)	1	0	6
接尾辞ニクキ・ガタキ			0	0	0	1	1	0	2
連体詞サル			0	0	0	3	0	0	3
合计			3	1	1	36	10	1	52

从表2-9中可以看出，中古和文中的「により（て）」不接在否定助动词「ザル」、断定助动词「ナル」「タル」等汉文训读特征语之后，而多与动词、形容词的连体形，过去、完了、推量、否定的助动词，以及存在表现、接尾词、连体词等表达形式相衔接。与上代相比，中古和文中的「により（て）」在表达形式上更具多样性，可以认为其语法化的程度有所提升。

从用言接续的比例和前接语的类型来看，「により（て）」的接续助词的用法已经相当成熟。但是吉田永弘（2007a）（2007b）的研究认为「ニヨッテ」成为接续助词是在中世以后。这是因为中世以前的「によりて」即便存在活用语接续的情况，如「人言の繁きによりて」，但它也能被当作准体句「人言の繁き（コト）によりて」来解释。而对于用言句的判断，吉田永弘（2007a）着眼于「ニヨリテ」前项

中出现的提示主题的系助词「ハ」，提出如下原则：

> 「AハBニヨッテC。」の構文は「ハ」の作用域の範囲によって、文末まで
> に及んでいると解釈できるもの「Aハ［Bニヨッテ］C。」と、「ハ」の作
> 用域が「ニヨッテ」節中に収まっているとしか解釈できないもの「［Aハ
> B］ニヨッテC。」とに分け、前者のBは活用語であるが、用法として体
> 言相当の準体句を形成しているのに対して、後者のBは述語としての
> 性格が強いため、用言句と解せる。

　　即将焦点放在「ニヨリテ」的前接句中的系助词「ハ」的作用域范围，将「A
ハBニヨッテC」的句式分为「ハ」的作用域范围波及文末的「Aハ［Bニヨッテ］
C」和「ハ」的作用域范围仅局限在「ニヨッテ」分句中的「［AハB］ニヨッテC」两
种情况。其中，「Aハ［Bニヨッテ］C」中的 B 虽在形式上是活用语，但在用法上
仍是相当于体言的准体句；而「［AハB］ニヨッテC」中的 B 则谓语性较强，可以
解读为用言句。笔者采用吉田氏的判断原则对用例进行考察后发现，在平安时
代的历史物语『大鏡』中已经出现可以认为是用言句的例子。如：

　　例（2-48）　［左大臣は御年も若く、才もことのほかに劣りたまへる］に
　　　　　　　　より、右大臣の御おぼえことのほかにおはしましたるに、
　　　　　　　　（『大鏡』天 左大臣時平）

　　在例（2-48）中，后接句的主题是「右大臣の御おぼえ」，前接句的主题「左大
臣は」的作用域并未波及后接句。
　　实际上，这样的例子早在上代的『續日本紀・宣命』中已有出现。

　　例（2-49）　［墨縄は久しく辺戍を歴て仕へ奉れる労在る］に縁りてな
　　　　　　　　も、斬刑をば免し賜ひて……（第六十二詔）

　　在例（2-49）中，前接句的主题「墨縄は」的作用域未波及后项，后接句的主
语是文中没有明示的「朕」。
　　以上两例中，前接句对后接句的从属性很弱，前接句中的谓语成分「劣りた

まへる」「(劳)ある」独立性较高,已经达到了用言句的程度。由此可以认为「により(て)」的接续助词用法在很早的时期就已经成立。

但是,系助词「は」很少在从句(「従属節」)中出现,加之,日语往往有不明示主题和主题提示语的习惯。因此满足吉田永弘(2007a)的判断原则的用例原本就不多,即使到了中世,文本中可以确认的用例也仅有数例。所以吉田永弘(2007a)的原则还是不能真正地解决用言接续的「により(て)」是否是接续助词的判定问题。但是鉴于「により(て)」可接于各种词类和表达形式之后,从语法化的角度出发,我们认为用言接续的「により(て)」属于接续助词范畴或者是趋近于接续助词的用法。

下面通过出现频率最高的『源氏物語』中的用例,重点考察用言接续的「により(て)」在和文中的使用倾向。

例(2-50)　「仏天の告げあるによりて奏しはべるなり。」(『源氏物語』薄雲)

→僧都的会话文

例(2-51)　「重しとなるべき心おきてをならひなば、はべらずなりなむ後もうしろやすかるべきによりなむ。」(『源氏物語』少女)

→源氏的会话文

例(2-52)　『月ごろ風病重きにたへかねて、極熱の草薬を服して、いと臭きによりなむえ対面賜らぬ。目のあたりならずとも、さるべからむ雑事らはうけたまはらむ。』(『源氏物語』帚木)

→博士之女的会话文

例(2-53)　年返りぬ。桐壺の御方近づきたまひぬるにより、正月朔日より御修法不断にせさせたまふ。(『源氏物語』若菜上)

→庄严的仪式感、记录体式的写法

例(2-50)(2-51)(2-52)均为出现在会话部分的用例。『源氏物語』中出现在会话部分的例句总计22例,占比较高。经统计,说话者分别是「僧都」(5例)、「源氏」(5例)、「桐壺院」(2例)、「頭中将」(1例)、「良清」(1例)、「左大臣」(1例)、「入道」(1例)、「鬚黒大将」(1例)、「朱雀院」(1例)、「致仕の大臣」(1例)、「柏木」(1例)、「夕霧」(1例)、「博士の娘」(1例)。其中,除了「博士の娘」,都是男性说话者。

已有研究指出「僧都」「源氏」「博士の娘」的语言中存在汉文训读语和记录语的使用①。例(2-52)「博士の娘」的会话文中也出现了诸如「極熱」「対面」「目のあたりならずとも」等汉语和汉文训读的特殊表现。例(2-53)出现在叙述部分,文中采用了记录体式的写法描写仪式的场面。从上述用例中,我们可以看出和文中「により(て)」在使用上有明显的倾向,即多用于男性的会话文及较为严肃庄重的场合。

对『大鏡』中使用情况的考察也发现,「により(て)」的用例和『源氏物語』相同,都出现在男性说话者的会话部分。这种倾向表明「により(て)」在和文中并不是一般和文用语,而可能是当时的男性日常会话语的表达之一。此外,「により(て)」还有用于叙述部分的用例。如:

例(2-54)　頼みきこえて年ごろになりぬる人を、今はともて離れむと
　　　　　思はぬによりこそ、かくいみじとものも思ひ乱れ、(『源
　　　　　氏物語』浮舟)

例(2-55)　明けはてなばはしたなかるべきにより、急ぎ出でたまひ
　　　　　ぬ。(『源氏物語』須磨)

用于叙述部分的「により(て)」在中古和文中共计10例,且都出现在『源氏物語』中。而男性日常用语又是汉文训读语的主要来源之一,这样的使用倾向也从侧面说明紫式部的文体受到了汉文训读的影响。

通过以上考察发现,在用法上,「により(て)」的接续助词用法在中古和文中得到了发展,在使用倾向上,则较多地使用于男性的会话部分和特定的庄重场合。此外,「により(て)」用言接续的用例在和文中的数量是同样表示原因理由的「活用语+(が)ゆゑ」的5倍以上,可以说「により(て)」是与和文的语言环境较易融合的表达形式,但作为明确表示原因理由的逻辑表现,其与文学色彩浓厚的和文还是存在一定的疏离。

(二)汉文训读文中的使用情况

本小节中将考察平安初期至院政镰仓时期的训点资料中的「ニヨリテ」的使用情况。经考察发现,汉文训读文中用言接续的「ニヨリテ」的原汉字多为

---

① 　参考築島裕(1963)。

"由""因""为"。表2-10是将汉文训读文中的「ニヨリテ」按体言接续和用言接续分类整理的结果。

表2-10　汉文训读文中「ニヨリテ」的分布

资　料	体言接续	用言接续	小计
金光明最勝王経	87(75.7%)	28(24.3%)	115
三蔵法師表啓	5(100%)	0	5
地蔵十輪経	105(80.2%)	26(19.8%)	131
南海寄帰	9(56.3%)	7(43.8%)	16
妙法蓮華経	2(28.6%)	5(71.4%)	7
三蔵法師伝	68(85%)	12(15%)	80
白氏文集	2(100%)	0	2
論語	2(100%)	0	2
史記	1(100%)	0	1
荘子	2(66.7%)	1(33.3%)	3
遊仙窟	5(71.4%)	2(28.6%)	7
合计	288(78%)	81(22%)	369

　　如表2-10所示,汉文训读文中,「ニヨリテ」合计369例,其中体言接续288例,用言接续81例。用言接续的比例只占到了总数的2成。「ニヨリテ」较多出现在『金光明最勝王経』『地蔵十輪経』『三蔵法師伝』的训点中,但是用言接续的比例较低,分别是24.3%、19.8%、15.0%。

　　将汉文训读文中用言接续的「ニヨリテ」的前接语按类别整理,结果如表2-11所示。

表2-11　汉文训读文中用言接续的「ニヨリテ」的前接语

类　别	金光明最勝王経	地蔵十輪経	南海寄帰	妙法蓮華経	三蔵法師伝	荘子	遊仙窟	小计
動詞連体形(敬語動詞)	18(3)	17	3	1	7	0	0	46

（续表）

类　别			金光明最勝王経	地蔵十輪経	南海寄帰	妙法蓮華経	三蔵法師伝	荘子	遊仙窟	小计
形容詞連体形			0	0	0	0	3	0	1	4
形容動詞連体形			0	0	0	0	0	0	0	0
助動詞の連体形	過去	シ	2	0	0	0	3	0	0	5
		ケル	0	0	0	0	0	0	0	0
	完了	ツル	0	1	0	0	0	0	0	1
		ヌル	0	1	0	0	0	0	0	1
		タル	1	1	1	0	0	0	0	3
	推量	ル	1	0	0	1	2	0	0	4
		ム	2	0	0	0	0	0	0	2
	断定	ベキ	0	0	0	0	0	0	0	0
		ナル	0	0	0	0	0	0	0	0
	打消	タル	1	0	1	0	0	0	0	2
		ヌ	1	1	0	0	0	0	0	2
	打消推量	ザル	0	0	2	0	0	1	1	4
	受身・尊敬	マジキ	0	0	0	0	0	0	0	0
	使役	ルル・ラルル	0	3	0	0	0	0	0	3
		シムル	2	0	0	0	0	0	0	2
存在表現アル（ハベル）・ナキ			0	2	0	0	0	0	0	2
接尾辞ニクキ・ガタキ			0	0	0	0	0	0	0	0
連体詞サル			0	0	0	0	0	0	0	0
合计			28	26	7	5	12	1	2	81

从表2-11来看,汉文训读文中用言接续的「ニヨリテ」的前接语似乎与和文中的使用情况没有很大差别,在各种词类及助动词中都有分布。但是,值得注意的是,敬语动词连体形、完了助动词「ツル」「ヌル」、推量助动词「ム」、否定助动词「ヌ」、被动助动词「ルル」「ラルル」、使役助动词「シムル」都只限于平安初期的训点资料『金光明最勝王経』和『地蔵十輪経』中出现,因此与这些词类和助动

词的衔接在汉文训读文中不具备代表性。整体来看，汉文训读文中的「ニヨリテ」一般衔接于动词和形容词的连体形、过去助动词「シ」、完了助动词「タル」「ル」和否定助动词「ザル」之后，在衔接形式上并不宽泛，并且其中动词连体形的数量占到了全体用例数量的一半以上，其他前接语的出现频率普遍偏低。

例（2-56） 金鼓の勝妙なる音を聞クに由（り）て、常に〔於〕諸佛に親近（し）たてまつること得シむ。

由聞金鼓勝妙音。常得親近於諸佛。（『金光明最勝王経』巻二34-20）

例（2-57） 法師、足ヲ損セルニ因（リ）テ病ヲ得タリ。

法師因損足得病。（『三蔵法師伝』巻十150）

例（2-58） 良（まこと）に上―代行（せ）不るに由（里）て、後の人をして法を失は使（むる）ことを致す。

良由上代不行。致使後人失法。（『南海寄帰』巻二18-2）

假设「ニヨリテ」在平安时代仍是动词的话，那么按照汉文训读的习惯，加点者在训读时就需要在前接语的连体形之后再补以「コト」，以形成形式体言。但是我们在汉文训读文中并没有发现任何一例采用「活用語連体形＋コト＋ニヨリテ」形式的用例，所有的用例都直接接于活用语连体形之后。这即从侧面说明「ニヨリテ」已经从动词经过语法化，成为表示原因理由的接续助词。此外，在汉文训读文中，「ニヨリテ」的用言接续比例较低，并且衔接的种类也较少。因此，我们认为汉文训读对「ニヨリテ」的接续助词化产生影响的可能性较低。进一步可以肯定「ニヨリテ」的接续助词用法是在日常语言中已经形成，并且固定下来的用法。在训读古汉语文献时，加点者选择了「ニヨリテ」来表示"由""因""為"等汉字的语义和语法功能。

（三）变体汉文中的使用情况

本小节将阐述变体汉文中「ニヨリテ」的使用情况。关于变体汉文中原因理由的表达形式，鈴木恵（1982）很早就展开了相关研究。笔者将其中关于「ニヨリテ」的数据提取出来，对上代至平安时代后期变体汉文中的出现频率进行整理，结果如表2-12所示。

表2-12　汉文训读文中「ニヨリテ」的分布情况①

接续	上代					平安初期			平安中期				平安后期以后		
	古事記	風土記	七代記	家伝	法王帝説	日本霊異記	諷誦文稿	平安遺文	平安遺文	貞信公記	九暦	将門記	御堂関白記	高山寺古往来	小右記
体言	11	37	2	9	3	25	3	220	149	261	392	21	692	6	249
用言	19	12	0	0	？	9	3	2	19	104	98	10	233	15	87
合计	30	49	2	9	6	34	6	222	168	365	490	31	925	21	336

从表2-12中可以看出，除去『古事記』和『高山寺古往来』，其他文献中均是体言接续的用例占多数。作为上代文献，『古事記』中已经存在为数不少的用言接续的用例，这为「ニヨリ（テ）」接续助词的用法在早期已经成立的观点提供了一个依据②。此外，据鈴木恵（1982）的调查，平安初期及以前的变体汉文中，「ニヨリ（テ）」在包含「ユエニ」「アヒダ」「バ」等在内的全体原因理由的表达形式中所占比例只有10%～20%，平安中期以后，比例激增至40%～80%。由此可知，从平安中期开始，变体汉文中「ニヨリ（テ）」的使用有所增加。

笔者进一步以现存为数不多的附有训点的变体汉文『高山寺古往来』『雲州往来』『和泉往来』为资料，考察了变体汉文中「ニヨリ（テ）」前接语的情况，结果如表2-13所示。

表2-13　变体汉文中「ニヨリ（テ）」的前接语

类　别	高山寺古往来	雲州往来	和泉往来	小计
動詞連体形（敬語動詞）	2	2	0	4
形容詞連体形	1	1	0	2

---

① 数据出自鈴木恵（1982）的调查结果。表2-12中，平安初期的『平安遺文』的统计范围是延历至宽平年间，平安中期的『平安遺文』的统计范围是延喜至康保年间，『小右記』统计至长保年间。
② 『古事記』中有不少「ニヨリ（テ）」用言接续的例子，如：
　　卜相而詔之，因女先言而不良。（卜相ひて、詔りたまひしく、「女先に言へるに因りて良からず。」）（『古事記』上巻）
　　故，因此八嶋先所生，謂大八嶋国。（故、此の八島を先に生めるに因りて、大八島国と謂ふ。）（『古事記』上巻）
　　此外，据古賀精一（1976）考证，『古事記』中基本上将「……ニヨリテ」表记为「因」字。

（续表）

类　别			高山寺古往来	雲州往来	和泉往来	小计
形容動詞連体形			2	0	0	2
助動詞の連体形	過去	シ	0	0	0	0
		ケル	0	0	0	0
	完了	ツル	0	0	0	0
		ヌル	0	0	0	0
		タル	1	0	0	1
		ル	0	0	0	0
	推量	ム	0	0	0	0
		ベキ	0	0	0	0
	断定	ナル	1	0	0	1
		タル	0	0	0	0
	打消	ヌ	0	0	0	0
		ザル	1	0	0	1
	打消推量	マジキ	0	0	0	0
	受身・尊敬	ルル・ラルル	1	0	0	1
	使役	シムル	0	0	0	0
存在表現アル(ハベル)・ナキ			8	7	1	16
接尾辞ニクキ・ガタキ			0	0	0	0
連体詞サル			0	0	0	0
合计			17	10	1	28

　　如表2-13所示，变体汉文『高山寺古往来』『雲州往来』『和泉往来』中「ニヨリ(テ)」合计28例。其中，上接存在表现「依無……」「依有……」的「ニヨリ(テ)」有16例，占到总数的近6成。上接动词连体形的有4例，其他类别的用例都较少。变体汉文中「ニヨリ(テ)」上接存在表现的比例较高，这可以说是变体汉文中的「ニヨリ(テ)」区别于其他文体，在用法上呈现的特点。例如：

　　例(2-59)　依無指事、久不申承、不審無極　（指事 無(キ)ニ依(テ)久
　　　　　　　（シク）申承ラ不、不審、極(マリ)無(シ)）（『高山寺本古往
　　　　　　　来』112）

例(2-60)　慮外依有産穢、令申故障之処　（慮—外ニ産穢有(ル)ニ依
　　　　　　(リ)、故—障ヲ申(サ)令(ムル)〔之〕処ニ)(『雲州往来』73ウ
　　　　　　5)

例(2-61)　依無慇懃、雖有所憚、不耐懇懐、執啓事由　（慇懃无キニ依
　　　　　　テ、憚ル所有りト雖モ、懇懐ヲ耐ヘ不レ、事(ノ)由ヲ執啓
　　　　　　(ス))(『和泉往来』28)

　　笔者利用数据库『古記録フルテキストデータベース』检索了古记录中的
「依」字,特别关注了衔接存在表现的情况,发现『御堂関白記』中「依有」和「依
無」分别有184例和57例,『小右記』中「依有」和「依無」分别有245例和154例,出
现频率极高。并且,在两个文本中「依有」的出现频率都远远超过了「依無」。然而
「依有＋名詞/名詞句」所表达的意义与「依＋名詞/名詞句」几乎无异,且两种表
达形式在古记录中都有出现。例如,「依有方忌」(『御堂関白記』8例、『小右記』7
例)、「依方忌」(『御堂関白記』6例、『小右記』2例)。「依有＋名詞/名詞句」的功能
和直接上接名词的情况相近,我们可以认为这是变体汉文中一种近似于衔接名
词句的典型表达。

　　在表记上,中古以后的变体汉文中用于句末的「ニヨリ(テ)」都统一表记为
汉字「依」。而接续词「コレニヨリテ」一般表记为「因之」或「因茲」,接续词「ヨリ
テ」则被表记为「仍」。可以发现,在变体汉文中对于不同的语言形式有着不同的
汉字表记原则。用于句末、发挥着格助词或接续助词功能的「ニヨリ(テ)」的汉
字表记则固定为「依」。

　　由于表现上的类型化和表记上的固定化,「ニヨリ(テ)」作为实用语多用于
记录体类的文本。自平安中期起,「ニヨリ(テ)」的用例在变体汉文中迅速增加,
但同时「ニヨリ(テ)」在变体汉文中的用法是有一定局限的,即其衔接形式不够
丰富,其中以存在表现居多。因此,我们认为,与汉文训读文相同,变体汉文对
「ニヨリ(テ)」的语法化过程不会造成太大的影响。此外,峰岸明(1986:85)曾指
出,变体汉文主要是在贵族社会所使用的日常口语的基础上成立的男性知识层
的书记语言。综上所述,我们认为「ニヨリ(テ)」接续助词用法的产生并非源于
变体汉文,而是作为在男性的日常用语中已经得到发展的用法,多以固定搭配
的形式出现于变体汉文中。

二、院政镰仓时期的和汉混淆文中的使用情况

上一小节中,我们分别讨论了用言接续的「により(て)」在平安时期的和文、汉文训读文以及变体汉文中的使用特征。本小节将以『今昔物語集』『延慶本平家物語』『方丈記』『徒然草』『十訓抄』为资料,对院政镰仓时期的和汉混淆文文献中的使用情况进行考察。鉴于『今昔物語集』在文体上,以20卷为界分别偏向汉文训读体和和文体的语体特征,对『今昔物語集』将分别对天竺震旦部(1～10卷)、本朝佛法部(11～20卷)、本朝世俗部(22～31卷)进行考察。

经考察发现,在院政镰仓时期,用例基本上统一以「ニヨリテ」的形式出现,「ニヨリ」的用例极少。表2-14统计了院政镰仓时期的和汉混淆文文献中的「ニヨリテ」体言接续和用言接续的数量和比率。

表2-14 院政镰仓时期资料中「ニヨリテ」的分布

资　料	体言接续	用言接续	小计
天竺震旦部	169(52.8%)	151(47.2%)	320
本朝仏法部	172(47.9%)	187(52.1%)	359
本朝世俗部	38(57.6%)	28(42.4%)	66
今昔全体	379(50.9%)	366(49.1%)	745
延慶本平家物語	109(54.8%)	90(45.2%)	199
方丈記	0	3(100%)	3
十訓抄	36(40.9%)	52(59.1%)	88
徒然草	3(60%)	2(40%)	5
合计	148(50.2%)	147(49.8%)	295

如表2-14所示,『今昔物語集』中「ニ依テ」的用例集中出现在汉文训读调较强的天竺震旦部(320例)和本朝佛法部(359例),而在和文调较强的本朝世俗部(66例)中只占到一成左右。根据山田孝雄(1935)、築島裕(1963)的观点,在动词连用形后附以「テ」的形式是受汉文训读影响产生的结果。那么『今昔物語集』中的分布或许说明「ニ依テ」的形式与其文体性格有关。再看用言分布的比率,天竺震旦部、本朝佛法部、本朝世俗部分别是47.2%、52.1%、42.4%。本朝佛法部略高于其他两部,但各部的差别不大。此外,『延慶本平家物語』『十訓抄』中

「ニヨリテ」的出现频率也不低，用言接续的比率也大致在五成左右。总体来说，院政镰仓时期的「ニヨリテ」在形式上和用法上都进入了一个相对稳定的时期。

　　再将院政镰仓时期资料中的「ニヨリテ」按前接语的类别进行分类，结果如表2-15所示。

表2-15　院政镰仓时期资料中「ニヨリテ」的前接语

类　　别			天竺震旦部	本朝仏法部	本朝世俗部	今昔全体	延慶本平家	方丈記	十訓抄	徒然草	小計
動詞連体形（敬語動詞）			28(5)	35(6)	7	70(11)	23(1)	2(1)	14(4)	0	39
形容詞連体形			12	11	2	25	3	0	7	0	10
形容動詞連体形			2	3	0	5	3	0	0	0	3
助動詞の連体形	過去	シ	17	28	1	46	9	0	0	0	9
		ケル	1	5	3	9	13	0	6	1	20
	完了	ツル	3	1	0	4	0	0	0	0	0
		ヌル	1	1	0	2	2	0	0	0	2
		タル	12	7	0	19	2	0	4	0	6
		ル	33	25	0	58	1	1	6	1	9
	推量	ム	1	1	1	3	0	0	0	0	0
		ベキ	1	1	0	2	0	0	0	0	0
	断定	ナル	6	7	1	14	3	0	4	0	7
		タル	0	1	4	5	3	0	1	0	4
	打消	ヌ	0	0	0	0	3	0	1	0	4
		ザル	3	8	1	12	0	0	3	0	7
	打消推量	マジキ	0	0	0	0	0	0	0	0	0
	受身・尊敬	ルル・ラルル	0	0	0	0	5	0	0	0	5
	使役	シムル	0	0	0	0	2	0	0	0	2
	希望	マホシキ	0	0	0	0	1	0	0	0	1
存在表現アル（ハベル）・ナキ			27	47	8	82	8	0	6	0	14
接尾辞ニクキ・ガタキ			4	6	0	10	3	0	0	0	3
連体詞サル			0	0	0	0	0	0	0	0	0

（续表）

类　别	天竺震旦部	本朝仏法部	本朝世俗部	今昔全体	延慶本平家	方丈記	十訓抄	徒然草	小計
疑問終助詞カ	0	0	0	0	2	0	0	0	2
合计	151	187	28	366	90	3	52	2	147

在表2-15中，『今昔物語集』的用例虽然集中在前20卷，但是天竺震旦部、本朝佛法部、本朝世俗部中前接语的分布存在共同点，即都可以与动词连体形、存在表现、过去助动词「シ」、完了助动词「ル」等多种形式衔接。与院政时期的『今昔物語集』的使用情况相同，镰仓时期的『延慶本平家物語』『十訓抄』等资料中的「ニヨリテ」也可接于多种前接语之后。从前接语的种类来看，比起汉文训读文和变体汉文，和汉混淆文中的使用情况与和文中的使用情况更为相近。但是，『今昔物語集』中存在表现的用例高达82例，从中也可以窥探出变体汉文中的相关表现「依有」「依無」的影响。特别是在多以变体汉文资料为出典的本朝佛法部中，接于存在表现之后的用例最多，如例（2-62）：

例（2-62）　其後、長谷雄、中納言マデ成上テ有ケルニ、大納言ノ闕有ルニ依テ、此ヲ望ムトテ、（『今昔物語集』巻二十四ノ25）

例（2-63）　是偏ニ仏神擁護ヲ加ヘテ、運命末ニ望メルニ依テ也。（『延慶本平家物語』下55⑪）

例（2-64）　久しく篤疾にしづみ給へりけれども、群臣、あながちにすすめ申すによつて、位につき給ひにけり。（『十訓抄』第一ノ21）

从「ニヨリテ」前接语的分布可以看出，和汉混淆文中的使用情况整体上与和文中的情况相近。这看似可以总结为和汉混淆文中「ニヨリテ」的接续助词用法受到了和文的影响，但笔者认为这体现出的是和文与和汉混淆文语言的基础中共同存在的日常语言要素。「ニヨリテ」的接续助词用法正是作为男性日常用语，在和文中被用于逻辑性较强的会话或叙述部分；在汉文训读文中被训读者采用为"由""因""為"等汉字的训读；在实用性的变体汉文中则多以固定的搭配

出现。此外，『十訓抄』中的使用情况值得引起注意，表记为「によて」与「によつて」的用例共有14例，其中，体言接续的只有2例，而用言接续的有12例之多。小林千草（1973）指出，与「によりて」相比，「によって」相对更口语化。结合该观点，我们认为在口语中，「によって」的接续助词用法已发展成熟。这与下一个时期的中世抄物、狂言等口语资料中「により（て）・によって」用言接续比率的增高密切相关。

三、小结

本节通过对中古、中世各文体资料中使用情况的考察，阐述了「により（て）」的接续助词用法是在日常用语中自然形成的观点。

在上代『万葉集』中，「により（て）」的语法化程度还很低，作为表达因果关系的逻辑表现，在不追求实用性的韵文中使用频率自然不高。在中古和文中，「により（て）」多被用于男性的会话部分以及需要强调前后因果关系的叙述部分。同时，「により（て）」在用法、表现上也较为多样，其接续助词用法在平安时期得到了很大发展。在汉文训读文中，由于受到原汉文的限制，「ニヨリテ」用言接续的比率较低，因此对其接续助词化产生积极影响的可能性也较低。在变体汉文中，「ニヨリテ」的用例虽然多，但是在用法上明显具有单一性，即上接存在表现的用例居多。该用法对和汉混淆文中的使用倾向也有所影响。到了院政镰仓时期，和汉混淆文中的「ニヨリテ」的使用倾向虽与和文较为相近，但实际上是日常语言在书面语中的反映。

综上所述，「によりて」的接续助词用法是以日常语言为基础产生，并广泛使用于和文、汉文训读、变体汉文、和汉混淆文各文体间的共通用语。

【调查资料】

［训点资料］

春日政治（1969）『西大寺本金光明最勝王経古點の国語学的研究』勉誠社

中田祝夫（1980）『古点本の国語学的研究　訳文篇』勉誠社（東大寺本大乗大集地蔵十輪経）

中田祝夫（1969）『東大寺諷誦文稿の国語学的研究』風間書房（東大寺本大乗大集地蔵十輪経・知恩院蔵大唐三蔵玄奘法師表啓）

大坪併治（1968）『訓点資料の研究』風間書房（南海寄帰内法伝、妙法蓮華経）

築島裕(1965)『興福寺本大慈恩寺三蔵法師伝古点の国語学的研究』東京大学出版会

太田次男・小林芳規(1982)『神田本白氏文集の研究』勉誠社

『高山寺古訓点資料第一』東京大学出版会(『論語』『史記』)

『高山寺古訓点資料第二』東京大学出版会(『荘子』)

築島裕[ほか](1995)『醍醐寺藏本遊仙窟總索引』汲古書院

[和文・和歌・说话・军记]

『万葉集』塙書房(『万葉集電子総索引 CD-ROM』)

『土佐日記』『竹取物語』『伊勢物語』『落窪物語』『大和物語』『枕草子』『源氏物語』『紫式部日記』『和泉式部日記』『平中物語』『堤中納言物語』『更級日記』『讃岐典侍日記』『蜻蛉日記』『大鏡』『古今和歌集』『宇治拾遺物語』『徒然草』『十訓抄』『方丈記』(以上文献使用了平安時代編『日本語歴史コーパス(CHJ)』进行调查,底本为小学館『新編日本古典文学全集』本)

『今昔物語集』『沙石集』(考察『今昔物語集』时参照了『今昔物語集文節索引』,考察『沙石集』时使用了『大系本本文データベース』,底本均为『日本古典文学大系』本)

『高山寺資料叢書(第七冊)明恵上人資料 第2』東京大学出版会(『光言句義釈聴集記』)

中央大学国語研究会(1985)『三宝絵詞自立語索引』笠間書院

小林芳規(1975)『法華百座聞書抄総索引』武蔵野書院

武蔵野書院、山内洋一郎(1997)『仏教説話集の研究　金沢文庫本』汲古書院

北原保雄・小川栄一(1999)『延慶本平家物語 本文篇と索引篇』勉誠社

近藤政美[ほか](1996—1998)『平家物語「高野本」語彙用例総索引』勉誠社

山田巌・木村晟(1986)『歎異抄 本文と索引』新典社

築島裕・小林芳規(1980)『中山法華経寺蔵本三教指帰注総索引及び研究』武蔵野書院

[变体汉文]

瀬間正之(1993)『古事記音訓索引』おうふう(底本为『古事記新訂版』本)

『高山寺資料叢書二 高山寺本古往來表白集』東京大学出版会

三保忠夫、三保サト子(1982)『雲州往来享禄本 研究と総索引』和泉書院

築島裕(2004)『高野山西南院藏本和泉往來總索引』汲古書院

『御堂関白記』『小右記』『古記録フルテキストデータベース』

［其他］

北川和秀（1982）『続日本紀宣命 校本・総索引』吉川弘文館（底本为『新日本古
　　典文学大系』之『続日本紀』）

第三章

因果范畴标记「（が）ゆゑ（に）」的形成与发展

第一节　上代语「ゆゑ」的性质

中古以后，「ゆゑ」一般被用于表示顺接的原因理由。但在上代的和歌集『万葉集』中，却存在大量表示逆接的用例。例如，『万葉集』中的第一卷第21号歌：

紫の にほへる妹を 憎くあらば <u>人妻故に（人嬬故尓）</u> 我恋ひめやも（『万葉集』1・21）

对于该和歌中「ゆゑ」的解释，笔者调查了『万葉集』相关研究和注释26种①。其中，山田孝雄『万葉集講義』，澤瀉久孝『万葉集注釈』『万葉集新釈』，土屋文明『万葉集私注』②将其释作顺接，如：

紫草の色のめでたき如きうるはしき妹をにくく思はば、<u>人妻に対して</u>恋する如き危険なることをわれはせむやは。（君の色めでたきによりてこそ、人

---

① 调查中使用的相关研究和注释书如下：
荷田春満『万葉集僻案抄』（古今書院）、恵岳『万葉集傍註』（冬至書房新社）、橘千蔭『万葉集略解』（図書出版）、上田秋成『万葉集楢の杣』（中央公論社）、富士谷御杖『万葉集燈』（古今書院）、岸本由豆流『万葉集攷証』（臨川書店）、鹿持雅澄『万葉集古義』（精文館）、橘守部『万葉集桧嬬手』（古今書院）、近藤芳樹『万葉集註疏』（歌書刊行会）、木村正辞『万葉集美夫君志』（勉誠社）、井上通泰『万葉集新考』（国民図書）、次田潤『万葉集新講』（成美堂書店）、伊藤博『万葉集釈註』（集英社）、次田真幸『万葉集講説』（明治書院）、山田孝雄『万葉集講義』（宝文館）、鴻巣盛廣『万葉集全釈』（秀英書房）、澤瀉久孝『万葉集注釈』（中央公論社）『万葉集新釈』（星野書店）、窪田空穂『万葉集評釈』（東京堂）、武田祐吉『万葉集全注釈』（改造社）、土屋文明『万葉集私注』（筑摩書房）、『日本古典文学大系・万葉集』（岩波書店）、『新日本古典文学大系・万葉集』（『新日本古典文学大系』）、『新潮日本古典集成・万葉集』（新潮社）、『日本古典文学全集・万葉集』（小学館）、『新編日本古典文学全集・万葉集』（小学館）
② 澤瀉久孝在『万葉集注釈』中将该和歌解释为「……この人妻故に、自分は心惹かれるといふような事をしようか」，在『万葉集新釈』中解释为「……人妻であるあなたを、自分はどうしてこんなに恋しく思うか」。土屋文明在『万葉集私注』中解释为「紫の美しい色の如くに、にほひやかなる君を、憎いのであるならば、人妻であるのだからその君を吾が恋しようか」。

妻を思ふは道ならずと思ひつつも恋はするよ。)(山田孝雄『万葉集講義』)

但是,除了山田、澤瀉、土屋以外的22种注释中,都将该和歌中的「ゆゑ」解释作「なるものを」或「だのに」等逆接的用法。

　　……人妻であるのに、私はかくも恋しく思うだろうか。『新日本古典文学大系·万葉集』

考察『万葉集』中「ゆゑ」的用例,体言接续共有62例①。其中,在现有的注释书中统一解释为顺接的用例只有19例;而有过逆接解释的则有43例,占到总数的大部分。各类词典中,认定「ゆゑ」含有逆接用法的也有不少②。如果「ゆゑ」确实存在逆接用法的话,那么中古以后的文献中应该会留下逆接用法的些许痕迹。但是,经考察,我们并没有发现表示逆接的「ゆゑ」的实例。

鉴于以上情况,我们有必要对『万葉集』中的「ゆゑ」③,尤其是对解释为逆接的用例进行再讨论,从语义用法和语法功能层面,考察上代语中「ゆゑ」的性质。

一、『万葉集』中「ゆゑ」的研究概述

关于『万葉集』中「ゆゑ」的用法,先行研究大致可分为顺接和逆接两种观点。

橘純一(1928)将奈良及平安时代和歌中的「ゆゑ」的用法分为「順態」「逆態」和「順逆中間態」三类,指出对应三类用法的句子结构分别是「体言＋ゆゑ」「打消＋体言＋ゆゑ」「(消極的)修飾語＋体言＋ゆゑ」,其中含有否定表现的构造是逆态用法的最显著标志。馬紹華(2015)也指出,当前项中含有否定的修饰语时,前项所表达的实际情况会对一般的期待形成一种否定,这样的对比会造成逆接用法的产生。橘純一(1928)和馬紹華(2015)的研究都认为「ゆゑ」作逆接用法解释的原因在于前项的构造和表现,没但有对前项与后项的关系进行充分

① 用例不包含惯用表现「何のゆゑ」和「そこゆゑ」。此外,橘純一(1928)指出,『万葉集』中作形式体言的「ゆゑ」有着只接体言,不接用言的制约。
② 「前の事柄に対して、結果としての後の事柄が反対性·意外性を持つ場合、逆接的意味に解される。……だのに。……であるが。」(引『日本国語大辞典』第二版「ゆゑ」)
③ 本节考察使用的底本为塙書房刊『万葉集』,例句检索时使用了古典索引刊行会编(2009)『万葉集電子総索引(CD-ROM)』。

的说明。

　　吉野政治(1990a)指出,被解释为逆接的「ゆゑ」集中出现在「修飾語句＋体言＋ゆゑ」和「人妻ゆゑ」的表达中。这是因为在「修飾語句＋体言＋ゆゑ」的结构中,表示为「モノ」的事物可被看作与后项具有同样句法地位的「句的事態」(例如「吹かぬ風ゆゑ」可解释为「風吹かぬゆゑ」)。这为前项与后项形成对立关系创造了条件,由此可解释为「逆的原因」。但是,笔者认为不能简单地将「吹かぬ風ゆゑ」与「風吹かぬゆゑ」视作完全等价的表现。这是因为上代语的条件句存在严格的时制规律。与「ゆゑ」类似的因果范畴标记有「ため」和「から」。当「ため」接续用言时,前项必定以推量助动词「む」衔接;而当「から」接续用言时,前项必定以过去助动词「し」衔接。例如:

　　我が袖に あられたばしる 巻き隠し 消たずてあらむ 妹が見むため(妹為見)(『万葉集』10·2312)
　　ただ一夜 隔てしからに(隔之可良尓) あらたまの 月か経ぬると 心惑ひぬ(『万葉集』4·638)

　　同样,如果将「吹かぬ風ゆゑ」以条件句的形式来表示,则必须附加上过去助动词「し」,改变为「風吹かざりしゆゑ」。这样才能与后项「開けてさ寝にし」(『万葉集』11·2705)(过去的事态)在时间上形成合理的对照。另一方面,「修飾語＋体言＋ゆゑ」是一种以体言为中心、凝缩性极高的结构[1]。前项修饰语句的作用主要在于修饰或限定体言的属性,而不是作为述语来表达后项的理由。因此,「修飾語句＋体言＋ゆゑ」的前项不能被视作"句"来考虑。

　　与上述逆接论不同,也有部分学者认为「ゆゑ」只具有顺接用法。如山田孝雄在『万葉集講義』中指出,逆接只不过是由和歌整体的意义推断出来(「歌全体の意より推したる」)的结果,不该将其当作「ゆゑ」自身的功能。澤瀉久孝在『万葉集注釈』中也指出,作者只不过阐述了「……のために……する」这一事实,逆接是将第三者的常识或理由带到了歌语的解释中。此外,志村健雄(1931)认为应该将『万葉集』中的「ゆゑに」译为「為に」,即表示原因的接尾语(「その原因す

---

[1] 倉田実(2001)指出「多様な修飾語が「人」という語にかかる形式は、全体で一語的に働くものであり、凝集性・膠着性に富んだ表現形式である」。该观点同样适用于「修飾語句＋体言＋ゆゑ」。

るに云ふ接尾語なり」)。值得注意的是,这些研究都将「ゆゑ」解释作「ため」。

对于将「ゆゑ」解释作「ため」的观点,学界也有不同观点。岩波书店『日本古典文学大系·万葉集　一』的补注21指出:

　　……奈良時代のタメの用法を顧みると、奈良時代にはタメの本来の用法は、原因·理由を表すことにはなく、将来の利益を期した目的を表すことであった。……従ってユエ(原因·理由)とタメ(目的)とは明確に使い分けられていたのであり、その区別を不明瞭にするような訳語は避ける方がよい。

也就是说,在奈良时代,「ゆゑ」表示原因理由,「ため」表示目的,解释和歌时应对两者予以明确区分。但是,吉野政治(1990b)指出,古代日语中上接用言的「タメ」都采用了「……ム(ガ)タメ」的形式。当「ム」表示意志、希望时,「タメ」可解释为「……したいので」;当「ム」表示推量时,「タメ」可解释为「……するだろうから」。也就是说,「タメ」表示一种未然的理由,包含在广义的原因理由范畴内。

从「ゆゑ」和「ため」的发展历史来看,在两者发展成为原因理由的接续表现之后,确实在用法上出现了「ため」用来表示未然理由、「ゆゑ」用来表示已然理由的区别。但是,这种区别仅限于用言接续,并且前项和后项表达的内容具有前后时间关系的时候。若前项是表示人物的体言,则不符合上述情况。在『万葉集』中,体言接续的「ゆゑ」大多表示「あるものに対して、或いはあるものを目標として、ある行為が行われる」。该用法近似于「ため」,因此我们认为体言接续的「ゆゑ」和「ため」并未在语法功能上产生明确的区别。关于这一点,将在下文进行详细论述。

二、『万葉集』中「ゆゑ」的词性

关于『万葉集』中的「ゆゑ」,以往的研究通常都是在将其认定为接续助词的基础上,讨论其用法到底是顺接还是逆接。但是,对于上代的「ゆゑ」是否已经虚化成为表示因果衔接关系的接续助词,仍需要谨慎的探讨。

山田孝雄在『万葉集講義』中对122号和歌中的「人の児ゆゑに」作如下解释:

古の語遣の今と異なる点は其「故」をば今は抽象的に「理由原因」とい
ふ形式的な語とするに対して、古は其理由原因たる具象的事実をも含
みたる意に用いたりと考へらる。されば、古語の「ゆゑ」は恋ならば「恋
の故」他の事なら ば「その事の故」といふ意をあらはしたるべし。

山田孝雄认为,上代的「ゆゑ」在很大程度上仍保留了其本义——实质名词
"原因理由"的意思,尚未成为单纯表示因果关系的接续表现。笔者认同此观点,
正是因为「ゆゑ」还没有虚化成为接续表现,才会受到语境影响,被解释为顺接
或逆接。

生野净子(1961)指出,平安时代的「ゆゑ」出现了逐渐从万叶时代的补助性
用法演变为独立用法的倾向。在中古和文中,类似上代『万葉集』中的形式名词
性用法较少,表示实质名词「縁故・由緒」或「情趣・風情」的用法较多。因此,从中
古和文中的使用情况来看,上代的「ゆゑ」已虚化成为表示因果关系的接续表现
的可能性也极低。

鉴于上述情况,将上代的「ゆゑ」当作接续助词,在此前提下讨论其为顺接
或逆接似乎有欠妥当。正如「人妻ゆゑに」这一句的解释,在山田孝雄『万葉集講
義』中被解释为「人妻に対して」,在澤瀉久孝『万葉集新釈』中被解释为「人妻で
あるあなたを、……恋しく思はうか」,在上田秋成『楢の杣』和次田真幸『万葉
集講説』中被解释为「人妻であるのに、そのあなたのために」。「ゆゑ」在句中
对前接语「人妻」辅以「……に対して」「……を求めて」等形式上的语义。「人妻
ゆゑに」整体作为状语(「修飾節」)来修饰谓语动词「恋ひめやも」。

吉野政治(1990c)还将考察范围拓展至训点资料和『今昔物語集』等佛教相
关的文本中。考察发现,「故」和「為」相同,不仅有表示原因、理由的用法,还有表
示目标、目的的用法①。实际上,这样的情况不只存在于佛教类资料中,在『万葉
集』的和歌中也同样存在。我们可以通过「誰がゆゑ」相关和歌以及与其具有类
似表现形式的「誰がため」相关和歌来进行对照和考证。

---

① 吉野政治(1990c)指出,『今昔物語集』中的「故」有表示目标的用法。例如:
　地蔵菩薩、利生方便ノ為ニ悪人ノ中ニ交ハリテ、念ジ奉レル人ノ故ニ毒ノ箭ヲ身ニ受ケ給フ
　事……(『今昔物語集』卷十七ノ3)
　此レ偏ニ、地蔵菩薩ノ利生方便ノ故也。(『今昔物語集』卷十七ノ7)

例（3-1）　鈴鹿川 八十瀬渡りて 誰が故か（誰故加）夜越えに越えむ 妻
　　　　　もあらなくに（『万葉集』12・3156）
　　　　　＊楽浪の 大山守は 誰がためか（為誰可）山に標結ふ 君もあら
　　　　　なくに（『万葉集』2・154）

例（3-2）　水底に 沈く白玉 誰が故に（誰故）心尽くして 我が思はなく
　　　　　に（『万葉集』7・1320）
　　　　　＊朝霜の 消易き命 誰がために（為誰）千歳もがもと 我が思は
　　　　　なくに（『万葉集』7・1375）

　　以上两例中，「誰がゆゑ」和「誰がため」一样，都与后项的否定表现相呼应，无论在结构上，还是在表现上都很相似。在以上和歌中，「ゆゑ」和「ため」与前项相结合，表示「夜越ゆ」「標結ふ」「心尽くす」「千歳もがも」这些动作或愿望的目标和对象。通过以上和歌的例句，我们可以认为「ゆゑ」和「ため」有着相同或相近的语义和语法功能。

　　但是，这并不意味着「ゆゑ」和「ため」完全等价。基于对『万葉集』中用例的考察，我们发现「ため」多用于对将来有利的事态，而「ゆゑ」则多用于主体不希望发生的事态。这很可能与「ため」的本义「利益·得」和「ゆゑ」的本义「故障·災禍」存在关联。因此，可以推断『万葉集』中的「ゆゑ」和「ため」并非按照前后事项的时间关系，而是按照两者的本义来区别使用的。关于这一点，本书不做展开，留待今后考察。

三、『万葉集』中「ゆゑ」的用法

　　笔者考察了『万葉集』中的「ゆゑ」的用法，将其按语法功能分为两类：一是表示后续事态【目标·对象】的用法，二是表示后续事态【原因·理由】的用法。

（一）目标·对象

　　表示【目标·对象】的「ゆゑ」在『万葉集』的和歌中共计47例。「ゆゑ」的前项以表示人物的名词为多，「ゆゑ」用于提示后项渴望、祈求等心情或行为的目标或对象，可解释为「……を求めて」「……を思って」「……に対して」。这类和歌整体可解释作「ある物事を追い求める目標として、それに対して、ある動作が行われる」。在这些和歌中，「体言＋ゆゑ」作为后续动作、作用的补语出现。用例按前项的结构可分为以下五类：

1. 体言＋ゆゑ（13例）

前项结构为〔体言＋ゆゑ〕的和歌中,「ゆゑ」用于表示【目标・对象】的共有13例。

例（3-3）　大空ゆ 通ふ我すら 汝が故に（汝故）天の川道を なづみてぞ 来し（『万葉集』10・2001）

例（3-4）　鈴鹿川 八十瀬渡りて 誰が故か（誰故加）夜越えに越えむ 妻もあらなくに（『万葉集』12・3156）

例（3-5）　我が故に（和我由恵尓）思ひな痩せそ 秋風の 吹かむその月 逢はむもの故（『万葉集』15・3586）

例（3-3）是「大空を通う我さえ、汝のことを思って、天の川道を苦労してきた」的意思。和歌中的「汝」是「天の川道を苦労して（逢い）にきた」这一行为的对象,属于后续动作的目标、对象。例（3-4）是「誰を求めて夜越えなどしようか」的意思。和歌中的「誰」是「夜越え」的对象。例（3-5）的后项是禁止表现,「我のことを思いすぎて痩せないでください」的意思。和歌中的「我」是「思ふ」这一行为的目标。在上述这些例子中,前项都可以理解为后项行为的目标和对象。

从后项动词来看,表达心理上苦恼的和歌有8例,如「思ひ痩せる」「利心の失するまで思ふ」「嘆く」等;表达距离上接近的和歌有3例,如「なづみて来し」「夜越え」「行く」。此外,表达为追求对方而引起某一具体动作的和歌有2例,如「雄鹿踏み起こしうかねらひかもかもすらく」「紐解かず寝む」。

2.（一般的）連体修飾語＋体言＋ゆゑ（3例）

前项结构为〔（一般的）連体修飾語＋体言＋ゆゑ〕的和歌共有3例,3例均为【目标・对象】的用法。

例（3-6）　大舟の 思ひ頼める 君故に（君故尓）尽くす心は 惜しけくもなし（『万葉集』13・3251）

例（3-7）　……夏草を 腰になづみ いかなるや 人の児故そ（人子故曽）通はすも我子……（『万葉集』13・3295）

例（3-8）　筑紫なる にほふ児故に（尓抱布兒由恵尓）陸奥の 香取娘子の 結ひし紐解く（『万葉集』14・3427）

　　例(3-6)是「大船のような頼みになる君に対して、捧げる心は惜しくもない」的意思。「君」是「心を尽くす」这一行为的对象。例(3-7)是父母的会话，「人の児」在这里指父母庇护下的(别人家的)女儿，整体可解释为「どのような人の娘を求めてお通いか、わが息子よ」。例(3-8)是「筑紫の美しい娘さんを求めて、陸奥の香取娘子の結んでくれた紐を解く」的意思。在这些和歌中，「ゆゑ」所衔接的前项分别是后项「心を尽くす」「通う」「紐を解く」等由爱慕之情引发的能动行为的目标和对象。

　　3.（消極的意味①を含む）連体修飾語＋体言＋ゆゑ(12例)

　　前项结构为〔（消極的意味を含む）連体修飾語＋体言＋ゆゑ〕的和歌中，表示【目标・对象】的有12例。

　　　　例(3-9)　　朝霧の おほに相見し 人ゆゑに（人故尒）命死ぬべく 恋ひ渡るかも(『万葉集』4・599)

　　　　例(3-10)　　はだすすき 穂には咲き出ぬ 恋を我がする 玉かぎる ただ一目のみ 見し人故に（視之人故尒）(『万葉集』10・2311)

　　　　例(3-11)　　……倭文たまき 賤しき我が故（賤吾之故）ますらをの 争ふ 見れば 生けりとも……(『万葉集』9・1809)

　　　　例(3-12)　　……百足らず 八十の衢に 夕占にも 占にもそ問ふ 死ぬべき 我が故（應死吾之故）(『万葉集』16・381)

　　例(3-9)是「朝霧のように、ぼんやりと見ただけの人に対して、死ぬほど激しく恋いつづける」的意思，例(3-10)是「ただ一目だけ逢った人に対して、人目を忍ぶ恋をする」的意思，例(3-11)是「……数ならぬ我のことを求めて、ますらおが争う……」的意思，例(3-12)是「（母が）八十路の辻で、夕占やら占やらに問うのでしょうか、死にそうな我のために」的意思。除去表示具体动作的对象的例(3-11)和例(3-12)，其余10例中的「ゆゑ」均用来表示「恋渡る」「嘆く」等心理行为的目标、对象。

---

①　「消極的意味」是指如「ただ一目のみ」等表示交往程度很浅，或者如「ほのかに見えて去にし」等主体不希望发生的状况。〔「人妻ゆゑに」歌〕与〔（打消表現を含む）連体修飾語＋体言＋ゆゑ〕类的和歌几乎都包含了此种消极的意义，但是由于前者出现频率极高，且极为典型，故本研究将其单独列为一个类型，分开考察。

此外,在这一类型的和歌中,「朝霧のおほに相見し人ゆゑ」(『万葉集』4・599)、「暁闇のおほほしく見し人故」(『万葉集』12・3003)、「ただ一目のみ見し人故」(『万葉集』12・3075)、「ただ一目相見し児故」(『万葉集』10・2311)的表现较为多见,都表达了对仅有一面之缘的人心生爱慕。在这些和歌中,「ゆゑ」用作提示后续动作的目标,该目标亦可作为一种偶然原因,解释为引起后续行为的契机。

4.「人妻ゆゑに」歌(11例)

〔「人妻ゆゑに」歌〕除了「人妻」相关和歌以外,还包括了语义上类似的「人の児」相关和歌、第1301号「人妻」的比喻歌以及第2599号和歌「夕されば人の手まきて寝らむ児」,共计11例。这些和歌中的「ゆゑ」均表示【目标・对象】。

例(3-13)　うちひさす 宮道に逢ひし 人妻故に（人妻姤） 玉の緒の 思ひ乱れて 寝る夜しそ多き（『万葉集』11・2365）

例(3-14)　大舟の 泊つる泊まりの たゆたひに 物思ひ痩せぬ 人の児故に（人能兒故尓）（『万葉集』2・122）

例(3-15)　海神の 手に巻き持てる 玉故に（玉故） 磯の浦回に 潜きするかも（『万葉集』7・1301）

例(3-13)是「宮道で逢った人妻のことを思って、心が乱れて寝る夜が多い」的意思。例(3-14)的表达内容为「……他人の女のことを思って、やせてしまった」。例(3-15)是寄情于「玉」的比喻歌。此和歌中的「玉」指的是「親の秘蔵する娘または人妻」(引『新編』注释)。整首歌可译为「海神が手に巻持っている玉を求めて、磯の浦辺で水に潜る」。在该类型的和歌中,除了例(3-15)的「潜きする」是具体动作以外,「ゆゑ」都用于提示「恋ふ」「思ひ乱れる」「物思ひ痩せる」等心理行为的目标和对象。

5.（打消表現を含む）連体修飾語＋体言＋ゆゑ(10例)

先行研究指出,前项中伴随否定表现的结构是逆态用法最显著的标志。但是,若将前项视作后续动作的目标或对象,用法就与顺接还是逆接的问题无关了。前项结构为〔（消極的意味を含む）連体修飾語＋体言＋ゆゑ〕的和歌中,用于提示【目标・对象】的「ゆゑ」有10例。

例(3-16)　……夕霧に　衣は濡れて　草枕　旅寝かもする　逢はぬ君故(不相君故)(『万葉集』2・194)

例(3-17)　相思はず　あるらむ児故(将有兒故)　玉の緒の　長き春日を　思ひ暮らさく(『万葉集』10・1936)

例(3-18)　すずき取る　海人の燈火　よそにだに　見ぬ人故に(不見人故)　恋ふるこのころ(『万葉集』11・2744)

例(3-19)　はしきやし　吹かぬ風故(不吹風故)　玉くしげ　開けてさ寝にし　我そ悔しき(『万葉集』11・2678)

例(3-20)　はなはだも　降らぬ雨故(不零雨故)　にはたつみ　いたくな行きそ　人の知るべく(『万葉集』7・1370)

　　例(3-16)是「逢えない夫君を求めて、夕霧に衣はしっとりと濡れて旅寝をなさるか」的意思。例(3-17)是「思ってくれていそうにない児に対して、長い春日を思い暮らすことか」的意思。例(3-18)是「海人の燈火のように遠くからさえも見せぬ人に対して、恋するこのごろだ」的意思。例(3-19)属于寄物陈思歌,「吹かぬ風」用来比喻「逢わぬ男」,整体可解释为「吹かない風のために、戸を開けて寝た私が悔まれる」。例(3-20)的歌语解释不一。土屋文明在『万葉集私注』中指出「はなはだも降らぬ雨」比喻「深くもない間柄」,「にはたつみ」是「夕立のために庭にたまっている水」之意;契冲的『代匠記』和鸿巢盛廣『万葉集全釈』则认为「にはたつみ」是眼泪的比喻,和歌整体可以解释为「深くもない間柄の人のことを思って、涙よ、ひどく流れるな」。整体来看,该结构前项中出现的人物还是表示了后项「旅寝する」「思ひ暮らす」「恋ふ」「戸を開ける」「涙する」等行为的目标或对象。

　　在该类型的和歌中,「ゆゑ」用于提示心理行为的对象的用例有7例,如「涙する」「思ひ暮らす」「思ひわぶ」「恋渡る」等;用于提示距离上接近的目标的用例有2例,如「旅寝する」「なづみ来る」等;用于提示具体动作对象的用例有1例,如「開けてさ寝にし」。

　　以上五种类型中,「ゆゑ」的前项虽然结构不同,但「ゆゑ」均在句中用来提示心理上或行动上追求的【目标・对象】。在这些和歌中,「ゆゑ」的前项作为后续行为的客体或对象,在句子中处于近似补足语的地位。虽然这些和歌中「ゆゑ」的前项也可以解释为后续行为的理由,但是与接下来讨论的【原因・理由】用法

相比,可以发现二者存在很大差异。

(二)原因·理由

「ゆゑ」单纯表示原因理由时,和歌均符合「ある物によって、ある望ましくない事柄が引き起こされた」的解释。在『万葉集』中,此类和歌数量不多,共计13例。其中,前项结构为〔体言＋ゆゑ〕的和歌有3例,〔(消極的意味を含む)連体修飾語＋体言＋ゆゑ〕的和歌有2例,〔(打消表現を含む)連体修飾語＋体言＋ゆゑ〕的和歌有8例。

1. 体言＋ゆゑ(3例)

例(3-21)　我が故に（我故）言はれし妹は 高山の 峰の朝霧 過ぎにけむ
　　　　　かも（『万葉集』11·2455）

例(3-22)　凡ろかの わざとは思はじ 我が故に（言故）人に言痛く 言は
　　　　　れしものを（『万葉集』11·2535）

例(3-23)　おのれ故（於能礼故）罵らえて居れば 青馬の 面高夫駄に 乗
　　　　　りて来べしや（『万葉集』12·3098）

例(3-21)和例(3-22)均为「私のせいで、とやかく噂を立てられた」的意思。例(3-23)可解释为「そなたのせいで、叱られている」。在这些例子中,「ゆゑ」的后项中都出现了被动表现,后项属于主体不希望发生的结果,前项是引起后项事态的原因。

2.(消極的意味を含む)連体修飾語＋体言＋ゆゑ(2例)

例(3-24)　朝影に 我が身はなりぬ 玉かきる ほのかに見えて 去にし児
　　　　　故に（去子故）（『万葉集』11·2394）

例(3-25)　朝影に 我が身はなりぬ 玉かぎる ほのかに見えて 去にし児
　　　　　故に（徃之兒故尓）（『万葉集』12·3085）

这两首和歌内容完全相同,可解释作「ほのかに見えただけで消えた人のせいで、朝影のように痩せてしまった」。和歌中的「消えた人」是「痩せてしまった」这一消极结果的原因。

3. (打消表現を含む)連体修飾語＋体言＋ゆゑ(8例)

例(3-26) 紀伊の海の 名高の浦に 寄する波 音高きかも 逢はぬ児故に
(不相子故尓)(『万葉集』11・2730)

例(3-27) いくばくも 降らぬ雨故(不零雨故) 我が背子が み名のここ
だく 瀧もとどろに(『万葉集』11・2840)

例(3-28) はなはだも 降らぬ雪故(不零雪故) こちたくも 天のみ空は
曇らひにつつ(『万葉集』10・2322)

例(3-29) 行けど行けど 逢はぬ妹故(不相妹故) ひさかたの 天露霜に
濡れにけるかも(『万葉集』11・2395)

例(3-30) はしきやし 逢はぬ児故に(不相子故) いたづらに 宇治川の
瀬に 裳裾濡らしつ(『万葉集』11・2429)

例(3-31) はしきやし 逢はぬ君故(不相君故) いたづらに この川の瀬
に 玉裳濡らしつ(『万葉集』11・2705)

例(3-32) 等夜の野に 兎ねらはり をさをさも 寝なへ児故に(祢奈敝古
由恵尓) 母にころはえ(『万葉集』14・3529)

例(3-33) 麻久良我の 許我の渡りの から梶の 音高しもな 寝なへ児故
に(宿莫敝兒由恵尓)(『万葉集』14・3555)

　　例(3-26)是「たいして逢いもしないあの娘のせいで噂が高くなったこと
だ」的意思。例(3-27)是寄情于「滝」的比喻歌,「たいして降らない雨」表达「度
々あってもいないこと」的意思(引武田祐吉『万葉集注釈』),整首和歌可解释
为「大して逢ってもいない人のせいで、噂だけが滝のように大げさに立てら
れた」。例(3-28)是寄情于「雨」的比喻歌,「こちたし」是「言痛し」的约音,表示
「人の噂がおびただしい」,整首和歌可解释为「大して逢ってもいない人のせ
いで、人の噂が曇ったようにおびただしく立てられた」。

　　这三首和歌有着同样的旨趣,都吟诵了「大して逢ってもいない人のせい
で、噂を立てられたこと」之悲惨境遇。值得注意的是,这三首歌与前项修饰部
分中包含否定表现的例(3-21)、例(3-22)相同,后项都是「噂が立てられた」这
一结果。而修饰部分中包含否定表现被认为是逆接用法最显著的标志。那么,否

定表现与「ゆゑ」的逆接解释之间是否存在某种关联性①?笔者认为原因就在于否定表现的修辞性。就本节讨论的对象,使用否定表现会带给读者一种心理上的落差,有使人物形象更深刻鲜明的效果。具体来看用例,在上述和歌中,与前项中出现的人物并无过多交集,按理应该不会遭他人议论,但事实并非如此,而是如「波が寄せる」「滝がとどろく「大空が曇った」一般流言四起。在强烈的前后对比下,更立体地描绘出了作者的哀叹。因此,这里的「ゆゑ」本质上并不是一种逆接用法,而是由于否定表现的运用,「ゆゑ」衔接的前项与后项内容形成了强烈的对比,体现出来的落差。这实际上是一种和歌特有的表现手法。在例(3-26)、例(3-27)、例(3-28)三首和歌中,作者表达了「たいして逢いもしない人のことで、噂が立てられた」这一事实,是主体所不希望发生的情况。这里的「ゆゑ」带有实质名词"原因理由"之义,同时我们也可以窥见「差し障り、災い」②的语义痕迹。此外,从「ゆゑ」用于衔接具有对比性、意外性的前后事项这一点来看,说明上代的「ゆゑ」并未发展成为表示因果关系的逻辑表达形式,仍停留在表示偶然性契机的阶段。

例(3-29)至例(3-31)表现的内容相似。和歌中「逢いもしない人」是导致「天の露霜に濡れてしまった」「川の瀬で裳の裾を濡らしてしまった」等结果的原因。例(3-32)表示「共寝をしたわけでもない児のせいで、母に叱られた」。例(3-33)表示「共寝をしたわけでもない児のせいで、噂が高くなってしまった」。以上和歌的后项都是主体不希望发生的结果。

该类型和歌与前述【目标·对象】用法中的3、4、5存在共同点。即前项中所包含的否定表现或消极表现,在使目标或对象的人物形象更加鲜明、立体的同时,与后项强烈的情感或行为形成鲜明对比,从而巧妙地表达了作者无奈、矛盾的心理。综上所述,笔者认为在这些和歌中,「ゆゑ」被解释为逆接的原因有二:一在于和歌的表现手法,通过否定表现或消极表现,使前后项形成了对比;二在于「ゆゑ」本身,上代的「ゆゑ」仍停留在表示偶然原因的阶段,尚未发展成为表示因果关系的语法标记。

① 塚原鉄雄(1990)指出,否定表现使人对人物和场面的评价和特性留下深刻印象(「人物や場面の評価や特性を強く印象づける」)。藤井俊博(1994)指出,修辞类文体中多用否定表现。
② 例如,「さなかづら いや遠長く 我が思へる 君によりては 言の故も(言之故毛) なくありこそと」(『万葉集』13·3288)。和歌中的「言の故」为「ことばの祟り」之义。(参照『新編日本古典文学全集』)

四、小结

　　『万葉集』中的「ゆゑ」在用法上有提示【原因·理由】和【目标·对象】两种功能。在提示【目标·对象】的用例中，「ゆゑ」作为形式名词或接尾词，其用法与「ため」相近，表示后续动词的目标或对象，形成了「……に対して」「……を思って」「……を求めて」等形式上的意义。这样的用法在『万葉集』中更为常见。

　　中古以后的「ゆゑ」广泛用于表示因果关系的衔接，而上代的「ゆゑ」仍带有名词性意义，语义停留在表示偶然性契机的阶段。也正因为这个原因，「ゆゑ」容易受语境影响而被解释为逆接。这也从侧面反映了上代的「ゆゑ」还未发展成为表示因果关系的语法标记。此外，『万葉集』以外的其他资料中几乎没有表示逆接的用例，这也说明了所谓逆接，只是受和歌特有的表现手法影响形成的人为解读。

第二节　原因理由接续表现「(が)ゆゑ(に)」的形成与接受

　　在上代日语中，「ゆゑ」除了有表示原因理由的实质名词用法外，还有形式名词的用法。关于形式名词的用法，在前一节中已有所涉及，其功能类似于接尾辞，但是上代日语中的「ゆゑ」只可衔接于体言（也包含副词），而不衔接于用言之后①。也就是说，上代的「ゆゑ」在接续上仍然受到制约。到了平安时代，在汉文训读文中，体言接续的用例只以「体言＋ノユエ」的形式出现。同时，这一时期出现了可靠的用言接续的用例。在平安时代初期的训点资料中，用言接续的用例以「活用語連体形＋φユエ」和「活用語連体形＋ガユエ」两种形式出现。自平安中期以降，复合辞「(活用語連体形)ガユエニ」开始成为汉文训读文中的固定搭配，并逐渐发展成为日语中典型的表示因果关系的接续表现之一。本节将对汉文训读文中接续助词用法的「ゆゑ」进行考察，厘清原因理由接续表现「(が)ゆゑ(に)」形成的脉络。并且，从文体位相的角度，考察其在和汉混淆文中的接受。

---

① 　参看橘純一(1928)。橘純一(1928)认为『万葉集』中用言接续的「植ゑてし故に」和「聞きし故に」中的「故」应该训读为「から」，菊澤季生(1938)、春日政治(1969)也持同样观点。菊澤季生(1938)还指出，『古事記』中「にくろき由恵」(孤例)的前接语虽然属于用言，但由于是形容词，还是不能将「ゆゑ」当作是接续助词来看。

　　关于「ゆゑ」用言接续的产生,春日政治(1969)指出,上代歌谣中「ゆゑ」用言接续的用例极少,并且认为衔接体言是其固有的用法,上接活用语连体形起因于对汉文训读文中上接用言的「故」字的训读。对于此观点,笔者基本赞同。但是山口佳纪(1993)批判了春日政治(1969)的观点,认为上代歌谣中用言接续的例句之所以少,是因为歌谣作为一种抒情的语言,自然较少使用抽象度较高的上接活用语的用法,而中古和文中直接上接活用语连体形的用法是自然的日语表达,没有将其视作汉文训读影响的必要。但是,笔者历时考察了上代至平安时代的文献,发现用言接续的用例在和文类资料中的使用并不广泛,而从其分布上来看很可能是作者有意为之。

　　此外,对于上接用言和「ゆゑ」之间「が」的有无,也是一个争论的焦点。筑岛裕(1963)指出,「活用語連体形＋ガユヱ」是汉文训读特有的形式,而「活用語連体形＋φゆゑ」多见于和文,训点语里较少出现。即「活用語連体形＋ガユヱ」和「活用語連体形＋φユヱ」在汉文训读文和和文中被区别使用,是一对在文体上存在对立的形式。筑岛裕(1963)的观点是基于『大慈恩寺三蔵法師伝古点』和『源氏物語』中的词汇对照提出的。但是,笔者考察发现「活用語連体形＋φゆゑ」在和文中的绝对数量原本不多,如果将平安初期的古训点资料纳入考察范围,便可以发现该形式在『西大寺本金光明最勝王経古点』等早期训点资料中更为多见。因此可以推断该形式出自汉文训读的可能性更高。

一、汉文训读文中「ユヱ」的用法

　　依据筑岛裕编『訓点語彙集成』(汲古書院,2007—2009),训点资料中的「ユヱ」主要用于表示「故」和「所以」的训读①,其中「故」的数量是「所以」的五倍以上。用言接续的用例中,「所以」基本上采用了「活用語連体形＋φユヱ(所以)」的形式,而「故」只有在平安初期的训点资料『西大寺蔵金光明最勝王経古点』『高山寺蔵觀彌勒上生兜率天経贊古点』中存在「活用語連体形＋φユヱ(故)」的形式,之后的训点资料中基本采用「活用語連体形＋ガユヱ(故)」的形式②。

---

① 训点资料中也存在「ユヱ」表示「以」「之」「所」「因」训读的用例,但数量极少,不具代表性。

② 汉文训读文中,用作接续助词的「ユヱ」在句中出现时,一般会在其后附以「ニ」。关于在句末出现的情况,春日政治(1969)认为,后世的「ユヱンナリ」是平安初期古训点中「ユヱニナリ」的音变。筑岛裕(1963)认为,「ユヱニナリ」到了平安后期基本消失,「ユヱナリ」继而取代了它的地位。由于尚无资料证明其实际训法,本节将句末的用例统一视作较为常见的「ユヱナリ」。

笔者基于平安时代的训点资料,考察了体言接续的「ユヱ」在汉文训读文中的衔接形式,发现用例无一例外地采用了「体言＋ノユヱ」的形式,如:

例(3-34)　三宝を信経する聖戒力の故に、九十五の諸の外道の衆に勝 (れ)たること、多百千倍なり。(『地蔵十輪経』巻五)

例(3-35)　佛の神力の故に、皆悉ク能(く)語いふ。(『地蔵十輪 経』巻七)

由此我们认为「体言＋ノユヱ」的形式在汉文训读文中已成为一种固定搭配。因此,本节将重点对用言接续的用法进行考察。

(一)「故」的用法

在训点资料中,用作接续助词的「ユヱ」存在「VP₁故、VP₂」和「VP₂、VP₁ 故(也)」两种结构(VP₁表示原因、VP₂表示结果,下同)。「VP₁故、VP₂」即先说明原因理由,后陈述结果的句型。反之,「VP₂、VP₁故(也)」即先陈述结果,后说明原因理由的句型。

表3-1是将平安时期古训点资料中的「(ユヱ)故」按训法分类整理的结果。

表3-1　古训点资料中「故」的用法

资　料	VP₁故、VP₂		VP₂、VP₁故(也)	
	活用語連体形＋ φユヱニ	活用語連体形＋ ガユヱニ	活用語連体形＋ φユヱナリ	活用語連体形＋ ガユヱナリ
金光明最勝王経	39	54	6	5
地蔵十輪経	0	35	0	0
無量義経	0	5	0	7
三蔵法師伝	1	7	0	1
法華経玄賛	0	197	0	42
法華義疏	0	136	0	8
不空羂索神呪心経	0	17	0	0
論語	0	0	0	0
史記	0	0	0	0
白氏文集	0	0	0	0
合計	40	451	6	63

从表3-1中可知,处于句末的「故」在汉籍中不易见,而集中出现在佛典类训点资料中,且结构上,「VP₁故、VP₂」的例句比「VP₂、VP₁故（也）」多。此外,除去『大慈恩寺三藏法师传古点』的存疑例①,「活用語連体形＋φユヱニ」和「活用語連体形＋φユヱナリ」的例句只存在于平安初期的训点资料『西大寺本金光明最勝王経古点』中,各为39例和6例。而「活用語連体形＋ガユヱニ」和「活用語連体形＋ガユヱナリ」的训法在平安中后期的训点资料中出现了固定化的趋势。由此可见,「活用語連体形＋φユヱ」的训法在平安初期的汉文训读文中曾一度被使用,但是逐渐遭到淘汰;到了平安中后期,「（活用語連体形）ガユヱ」逐渐作为「故」的「定訓」被固定下来。

1. VP₁故、VP₂

例(3-36)　無相の思惟と解脱と三昧とを遠クヨリ修行する<u>故に</u>、是の地清静にして、障礙あ（る）こと無し。

無相思惟解脱三昧遠修行<u>故</u>、是地清淨無有障礙。（『金光明最勝王経』巻四）

例(3-37)　諸の〔應被〕殺セラル〔らる〕ベキヒト〔及〕囚メ繋ハルルヒト者は、光明に照（ら）サル（る）<u>ガ故に</u>、皆解脱することを得ツ。

諸應被殺及囚繋者、光明照<u>故</u>、皆得解脱。（『大乗大集地蔵十輪序経品』第一）

例(3-38)　五陰（と）いふは、是（れ）苦集の體なる<u>が故に</u>、亦は是（れ）道諦（なる）<u>が故に</u>、論（の）如（く）解る可（し）。

五陰是苦集體<u>故</u>、亦是道諦<u>故</u>、如論可解。（『法華経玄賛』巻第三）

---

① 『大慈恩寺三藏法师传古点』中有一例「活用語連体形＋φユヱニ」,但该例存疑,如下:
惟ミレハ正法藏、慶ヲ曩晨ニ植ヘテ、功ヲ長劫ニ樹（ツ）、故ニ沖和ノ〔之〕茂質ヲ挺テ、懿傑ノ〔之〕ヲ標スルコト得タリ。（『大慈恩寺三藏法师传』巻七）
查『大正新脩大藏經』,断句如下:
惟正法藏。植慶曩晨。樹功長劫。故得挺沖和之茂質。標懿傑之宏才。
虽然在训点中的「故」前接活用语连体形,但根据『大正新脩大藏經』的断句方式,笔者暂将该句中的「故」作句首接续词考虑。

　　以上三例中的「故」处于句中,先说明原因理由,后陈述结果。「故」在例(3-36)中训读作「活用語連体形＋φユヱニ」,在例(3-37)和例(3-38)中训读作「活用語連体形＋ガユヱニ」。

　　2. VP$_2$、VP$_1$故(也)

例(3-39)　所以者何とならば、此の甚深の法を聞(く)こと得ルに由ル<u>故になり</u>。
　　　　　所以者何、由得聞此甚深法<u>故</u>。(『金光明最勝王経』巻二)

例(3-40)　四に(は)依止深(と)いへり。法界(と)法性(と)は、諸佛の本(なる)<u>が故になり</u>。
　　　　　四依止深。法界法性、諸佛本<u>故</u>。(『法華經玄贊』巻第三)

例(3-41)　昔、涅槃(の)法を説(く)ことを明(す)こと<ruby>者<rt>は</rt></ruby>、佛慧に入(る)こと得令シムといふこと(を)「明」(す)<u>ガ故なり〔也〕</u>。
　　　　　明昔説涅槃法者、意令得入佛慧<u>故也</u>。(『法華義疏方便品』末)

　　以上三例是原因理由后置的情况。「故」在例(3-39)中训读作「活用語連体形＋φユヱナリ」,在例(3-40)和例(3-41)中训读作「活用語連体形＋ガユヱナリ」。

　　通过以上考察,可知用作接续助词的「故」在训点资料中存在「活用語連体形＋φユヱ」和「活用語連体形＋ガユヱ」两种训法。但是,平安中期以后,前者逐渐不被使用,后者的训法得到了巩固。这里介绍的「ユヱ(故)」的语法功能均等同于接续助词「から」「ので」,笔者认为其对后述和文中所见「活用語連体形＋φゆゑ」的用法产生了一定影响。

　　(二)「所以」的用法

　　虽然在训点资料中,「所以」有时也被训读作「活用語連体形＋φユヱ(所以)」,但是与「故」不同,其用法并非接续助词。在训点资料中,「所以」主要出现在「所以 VP$_2$(者)、VP$_1$(也)」和「VP$_1$、所以 VP$_2$(也)」两种句型中。前者的「所

以「VP₂（者）」整体作句子主语，不在本文考察范围内①。后者的「所以」冠于其他语句之上，反读作「VP₂ユエナリ」，形式上与后述和文中的「活用語連体形＋φゆゑ」相同，但用法上还属实质名词。

表3-2是将训点资料中「VP₁、所以 VP₂（也）」的用例按训法整理后的结果。

表3-2　古训点资料中「所以」的用法

资　料	VP₁、所以 VP₂（也）		小计
	活用語連体形＋φユエナリ	活用語連体形＋ガユエナリ	
金光明最勝王経	0	0	0
地蔵十輪経	0	0	0
無量義経	0	0	0
三蔵法師伝	4	1	5
法華経玄賛	0	1	1
法華義疏	0	0	0
不空羂索神呪心経	0	0	0
論語	12	0	12
史記	1	0	1
白氏文集	0	0	0
合计	17	2	19

如表3-2所示，「VP₁、所以 VP₂（也）」的句型集中出现在汉籍类训点资料中。除去尚不确定训法的二例②（『大慈恩寺三蔵法師伝古点』和『法華経玄賛淳祐古点』），其余用例全部训读作「活用語連体形＋φユエ（所以）ナリ」。

---

① 训点资料中，「所以」多以「活用語連体形＋ユエハ」的形式反读，这种情况的「所以」是实质名词原因、理由的意思，「所以 VP₂〔者〕」的部分表示结果，「所以」将「VP₂」名词化，构成句子的主语。例如：

　　所以（に）、大小乗經の不同なる者（ユ）（ヘ）ハ、小乗經は力劣ナキヲ以（て）ノ故に重罪を微薄して、猶、輕き地獄に墮（ち）たり。

　　所以大小乗經不同者。以小乗經力劣故重罪微薄猶墮輕地獄。（『法華義疏序品』初）

② 表3-2「VP＋ガユエナリ」的用例中有2例存疑。其一为正文例（3-39）『大慈恩寺三蔵法師伝古点』中的用例，其二为『法華経玄賛淳祐古点』中的用例，如下：

　　因（と）いふは〔者〕、道理の義なるが所以なり。（因者所以・道理義故。）（『法華經玄賛』卷三）

　　从汉文文意看，训读作「因といふは、所以・道理の義なるが故なり」为宜，笔者认为该例属误读。

例(3-42)　己ヲ責ムルコト厚ウシテ人ヲ責ムルコト薄キときは怨咎ニ遠ル所以ナリ。

責已厚責人薄、所以遠怨咎。(『論語・衛霊公第十五』)

例(3-43)　斯民也、三代ノ〔之〕直道ト而(シテ)行(ヲコナ)フ所以なり。

斯民也、所以三代之直道而行也。(『論語・衛霊公第十五』)

以上两例均为「VP₁、所以 VP₂(也)」的句型,并且句中「所以」都训读作「活用語連体形＋φユヱ(所以)ナリ」。此处的「ユヱ(所以)」与前述接续助词类的用法不同,用于承接结果,表示「(VP₁は)VP₂(という結果)の原因なり」的意思,可视为实质名词的原因、理由。

这里特别需要注意的是下面这种情况,如例(3-44)。

例(3-44)　美ナルカナ〔哉〕君子。正言ヲ重(ムスル)カ所以ナリ〔也〕。

(D 点では「カ」を抹消)

美哉君子、所以重正言也。(『三蔵法師伝』巻第七)

築島裕(1965)指出 C 点(承徳三年点,1099)的「カ」在 D 点(永久四年点,1116)中有被抹去的痕迹。由此,我们对于例(3-39)中「所以」的训法可以作出如下推断:由于平安时代存在有「ガ」和无「ガ」两种训法,D 点的加点者意识到「活用語連体形＋φユヱ(所以)ナリ」和「活用語連体形＋ガユヱ(故)ナリ」所表示的用法不同,此句中的「所以」并非上承原因的接续助词用法,而是上承结果的实质名词用法,故而对之前的训法做出了修正。同时,这也从侧面证明了在汉文训读文中,「ガユヱ」已成为用于接续助词的「故」的定训。

通过以上考察可知,在汉文训读文中,「故」和「所以」均可训读作「ユヱ」,但是两者用法不同。「故」上承原因,「所以」上承结果。平安中期以后的训点资料中,加点者将「故」训读作「活用語連体形＋ガユヱ」、「所以」训读作「活用語連体形＋φユヱ」的意识开始形成并逐渐成为训读的规则。

二、和文中「ゆゑ」的用法

本小节将对和文中「ゆゑ」的接续情况进行考察。本章第一节中已经确认了

上代的「ゆゑ」在接续上有一定限制,只接于体言之后。到了平安时代,可以发现和文中的「ゆゑ」出现了体言接续和用言接续两种用法。由于本节考察的对象是因果关系的接续表现,统计时剔除了虽接于活用语连体形之后,但仍属于实质名词用法的用例,如「これも御覧ずべきゆゑはありけり」(『源氏物語』藤袴)。

(一)体言接续

在上代『万葉集』中,体言接续的用例已广泛存在,用例采用「体言＋φゆゑ」[①]「体言＋のゆゑ」[②]「体言＋がゆゑ」[③]三种形式。其中,「体言＋φゆゑ」多达53例,「体言＋がゆゑ」有13例,可以说这两种形式都是上代和歌中的常用形式。而「体言＋のゆゑ」只有2例,在和歌中的使用并不多。在用法上,「ゆゑ」多接于表示人物的名词之后。

与上代日语中的使用情况相同,中古和文中体言接续的「ゆゑ」也有「体言＋φゆゑ」「体言＋のゆゑ」「体言＋がゆゑ」三种形式。将中古和文中的用例按上接形式分类整理,结果如表3-3所示[④]。

表3-3　中古和文中体言接续的用法

资　料	NP＋φゆゑ	NP＋のゆゑ	NP＋がゆゑ	小计
竹取物語	1	0	0	1
土佐日記	0	0	0	0
大和物語	0	0	0	0
伊勢物語	1	0	0	1
平中物語	1	0	0	1
蜻蛉日記	2	0	0	2
宇津保物語	3	1	2	6
落窪物語	2	0	0	2
堤中納言物語	0	0	0	0
和泉式部日記	1	0	0	1

---

① 例如「児ゆゑ」「雪ゆゑ」等。
② 例如「何のゆゑ」「人のゆゑ」等。
③ 例如「我がゆゑ」「誰がゆゑ」等。
④ 体言接续的「ゆゑ」出现在句中的有35例,出现在句末的有4例。

（续表）

资　料	NP＋φゆゑ	NP＋のゆゑ	NP＋がゆゑ	小计
源氏物語	5	1	0	6
紫式部日記	0	0	0	0
更級日記	0	0	0	0
浜松中納言物語	3	1	0	4
讃岐典侍日記	0	0	0	0
夜の寝覚	5	0	0	5
狭衣物語	3	1	0	4
栄花物語	2	2	0	4
大鏡	0	0	0	0
宇治拾遺物語	0	2	0	2
合計	29	8	2	39

如表3-3所示，体言接续的「ゆゑ」中，「体言＋φゆゑ」有29例，「体言＋のゆゑ」有8例，「体言＋がゆゑ」有2例。其中，「体言＋φゆゑ」的用例最多，从平安初期起广泛使用于和文类资料中。「体言＋のゆゑ」的形式在同时期的汉文训读文中出现频率很高，但在和文类资料中，只出现在『栄花物語』[①]『宇治拾遺物語』[②]等受过汉文训读的影响或存在和汉混淆现象的文本中。此外，「体言＋がゆゑ」在『宇津保物語』中有2例，笔者认为这是受到和歌语言特征影响的结果。下面结合具体用例，分别考察各形式的使用情况。

1.体言＋φゆゑ

例（3-45）　我故にかゝる事を見給ふ事と、限りなく歎く。（『落窪物語』卷一）

例（3-46）　うらゆゑに ながるゝことも たえねども いかなるつみか

---

① 築島裕（1963）指出，在『栄花物語』中，以汉籍、佛典为出典的部分混入了汉文训读语的成分。此外，武藤宏子（1963）指出，『栄花物語』是日本第一部将汉文历史书改写为假名物语的作品，因此它没有完全脱离汉文的表现，使用了许多具有汉文特征的语句。

② 根据桜井光昭（1990）、藤井俊博（2001）的研究，『宇治拾遺物語』整体上偏向于和文体，但由于受到出典文献之一的『古事談』的影响，可以发现其中使用了一定数量的汉语和汉文训读语。

（『蜻蛉日記』・上巻）

例（3-47）　さまあしき御もてなし<u>ゆゑ</u>こそ、すげなうそねみたまひし
か、人柄のあはれになさけありし御心を、上の女房なども
恋ひしのびあへり。（『源氏物語』桐壺）

在中古和文中，「体言＋φゆゑ」的形式有29例，在体言接续的用例中占到多数。该形式自平安初期起，多用于和文体文献中。「体言＋φゆゑ」的用例中，和歌占有10例，例如例（3-46）。可以认为「体言＋φゆゑ」的形式与上代的用法一脉相承，在一定程度上带有和歌语言的色彩。

2. 体言＋のゆゑ

例（3-48）　「そのときに、日本の衆生、三年つゝしみて、かの仙人に菜
摘み、水汲みせし功徳<u>の故に</u>、輪廻生死の罪ヲ亡ぼして、
人の身を得たるなり。」（『宇津保物語』俊蔭）

例（3-49）　「ただこの人<u>のゆゑ</u>にて、あまたさるまじき人の恨みを負ひ
しはてxては、……」（『源氏物語』桐壺）

例（3-50）　「みづから<u>のゆへに</u>、親も世にはしたなめられ、ありわび
て、深き山に篭り侍にけり。」（『浜松中納言物語』巻第一）

例（3-51）　ひめ宮も見たてまつらせ給に、「憂き身一つ<u>の故に</u>、かくな
らせ給ひぬる」と、思すに、（『狭衣物語』巻三）

例（3-52）　ちやうもん<u>のゆへに</u>のこりなくつどひたまへり。（『栄花物
語』巻第一五）

例（3-53）　僧のいはく、「我心はこれ佛也。我心をはなれては佛なし
と。然ば我心<u>の故に</u>、佛はいますなり」といへば、（『宇治拾
遺物語』第一五四話）

「体言＋のゆゑ」是汉文训读体中的常用形式。在中古和文中，除去『宇津保物語』的1例，「体言＋のゆゑ」的用例都见于『源氏物語』以后的作品中，并且都出现在与佛教相关的叙事内容中。例（3-48）是佛现身说法的会话文，见于『宇津保物語』「俊蔭卷」中。已有研究指出『宇津保物語』「俊蔭卷」的前半部整体上掺杂着汉文训读调，「体言＋のゆゑ」的出现也说明『宇津保物語』的文体并非纯和

文。例(3-52)是『栄花物語』中的用例,『栄花物語』中「体言＋のゆゑ」共有2例,均为关于供养等佛事的内容。例(3-53)是『宇治拾遺物語』中僧人说法的会话文。可见,在这些佛教相关的场面中较易混入「体言＋のゆゑ」的形式。此外,例(3-49)(3-50)(3-51)都是与佛教无关的内容,我们很难直接地说这是受到汉文训读的影响。但是,鉴于用例极为罕见,且基本都分布在『源氏物語』以后和有掺杂汉文训读语的作品中①,我们可以认为「体言＋のゆゑ」在和文中的使用是也同样是因为受到了汉文训读的影响。

　　3. 体言＋がゆゑ

例(3-54)　「かゝるあさましき所にだに、いときなき身ひとつを頼みて入リ給フに、今は、また出で給はん事も、オのれがゆヱとおぼせ。」(『宇津保物語』俊蔭)

例(3-55)　我が故となげきし道に渡れかし君が導にならむとぞおもふ(『宇津保物語』国譲中)

　　「体言＋がゆゑ」在和文类资料中只有2例,并且均出现在『宇津保物語』中。「わがゆゑ」是一个具有和歌语言特征的表达,因为它在上代也只在『万葉集』的和歌中出现过,到了中古,也同样不见于散文,只见于和歌②。在和歌中,还存在与它近似的表现「おのれゆゑ」③。虽然例(3-54)的「おのれがゆゑ」出现在会话文中,但这与和歌的特有表达也存在一定联系。

　　根据以上考察,可以发现在中古和文中,「体言＋φゆゑ」是体言接续用法中最常用的形式。「体言＋のゆゑ」则使用于受到过汉文训读影响或存在和汉混淆现象的文本中。同时,受和歌语言的影响,「体言＋がゆゑ」的形式在中古和文中虽然不多见但也有一定程度的使用。

　　(二) 用言接续

　　在中古和文中,用言接续的表达形式有「活用語連体形＋φゆゑ」和「活用

---

① 　经笔者调查发现『浜松中納言物語』中有「べからず」(2例)、「ごとし」(1例)等汉文训读特征语的出现。半田貴子(1984)的调查发现『狭衣物語』中有汉文训读系接续词「もしは」(2例)、「すなはち」(2例)、「ただし」(1例)等的出现。
② 　查『新編国歌大観(DVD-ROM)』(角川学芸出版、2012)发现,和歌中「わがゆゑ」共计20例(包括『万葉集』中的11例)。
③ 　『新編国歌大観(DVD-ROM)』中不见「おのれがゆゑ」的用例,但「おのれゆゑ」有4例。

語連体形＋がゆゑ」两种。两者在中古和文类资料中的数量整理见表3-4①。

表3-4　中古和文中用言接续的用法

资　料	活用語連体形＋φゆゑ	活用語連体形＋がゆゑ	小计
竹取物語	0	0	0
土佐日記	0	0	0
大和物語	0	0	0
伊勢物語	0	0	0
平中物語	0	0	0
蜻蛉日記	0	0	0
宇津保物語	2	0	2
落窪物語	0	0	0
堤中納言物語	0	0	0
和泉式部日記	0	0	0
源氏物語	8	0	8
紫式部日記	0	0	0
更級日記	0	0	0
浜松中納言物語	2	0	2
讃岐典侍物語	0	0	0
夜の寝覚	0	0	0
狭衣物語	1	0	1
栄花物語	2	3	5
大鏡	1	1	2
宇治拾遺物語	2	0	2
合计	18	4	22

　　如表3-4所示，中古和文用言接续的用例中，「活用語連体形＋φゆゑ」有18例，「活用語連体形＋がゆゑ」有4例，合计22例。仅从数量上来看，相较体言接续（39例），用言接续在和文中的数量较少。并且，除去『宇津保物語』，在平安初期

---

① 在中古和文中，用言接续的「ゆゑ」处于句中的有15例，处于文末的有7例。

的文献中不见「活用語連体形＋φゆゑ」的用例,用例集中出现在『源氏物語』以后,也就是平安中后期的文本中。从表3-4中可以看到,用言接续的大部分用例都采用了「活用語連体形＋φゆゑ」的形式,说明该形式在一定程度上已被和文吸收,成为和文中较一般的表达形式。而汉文训读调较强的「活用語連体形＋がゆゑ」在『栄花物語』和『大鏡』中各有3例和1例,只出现在讲述佛教教理或历史记述的内容中,是和文中较为特殊的情况。

　1.活用語連体形＋φゆゑ

例(3-56)　「……尊勝陀羅尼を念じ奉る人を供養したる<u>故也</u>。」(『宇津
　　　　　保物語』俊蔭)

→佛的会话文

例(3-57)　「……つらつき、まみなどは、いとよう似たりし<u>ゆゑ</u>、通ひ
　　　　　て見えたまふも、似げなからずなむ。」(『源氏物語』桐壺)

→帝的会话文

例(3-58)　ただ、この御かたのことを思ふ<u>ゆゑ</u>にぞ、おのれも人々し
　　　　　くならまほしくおぼえける。(『源氏物語』東屋)

→中将之君的心理活动

例(3-59)　もののけなど払ひ捨てける律師、山籠りして里にいでじと
　　　　　誓ひたるを、麓近くて、請じおろしたまふ<u>ゆゑ</u>なりけり。
　　　　　(『源氏物語』夕霧)

→叙述部分

例(3-60)　この世の人に縁を結びて、深き心をしめさせて、物思ひの
　　　　　切なる<u>ゆへ</u>に、あつかはせんとはうべんし給へるに、(『浜
　　　　　松中納言物語』巻第三)

→叙述部分

例(3-61)　この大臣の日本の人に馴れ、母宮もかの世の人なりける<u>ゆ
　　　　　へ</u>に、この后の御あたりの人は、かゝるなんめり。(『浜松
　　　　　中納言物語』巻第一)

→叙述部分

例(3-62)　一切の所に遍じ給へる<u>故</u>に、その佛の住所を、常寂光と名
　　　　　付く。(『栄花物語』巻第十八)

→佛教相关内容

例（3-63）　「塔のもとを常にすぐるに、地蔵をみやり申て、時々おがみ
　　　　　　奉りし<u>故</u>なり」とこたふ。（『宇治拾遺物語』第八二話）

→僧侣的会话文

以上用例中，「ゆゑ」直接衔接于活用语连体形之后，语法功能近似于接续助词的「から」「ので」。这样的例句在『源氏物語』中较多出现。关于『源氏物語』中汉文训读语的使用，築島裕（1963）曾指出，在有汉文教养的儒者、僧侣等阶层的会话文以及对庄重严肃场合的描述中，存在使用汉文训读语的现象。据考察，『源氏物語』的一般叙述部分也会出现「活用語連体形＋φゆゑ」（8例中有5例）的使用。但基于作者紫式部的汉文素养，有意识或无意识地使用汉文训读语来丰富文章的表达也是十分可能的。

再观察『源氏物語』以外的用例，例（3-56）是佛讲述佛教教义的会话文，例（3-60）是关于讲述女尼修行的叙述部分，例（3-62）是对《普贤经》的改编，例（3-63）是僧人的会话文。虽然也存在少许例外，如例（3-61）），但是用例基本都出现在与佛教相关的内容中。

从形式上看，和文中已存在实质名词「活用語連体形＋φゆゑ」作主语或宾语的用法，或许正是因为两者虽用法不同，但在形式上完全相同，较符合和文的语言习惯，形式名词「活用語連体形＋φゆゑ」作因果接续的用法在和文中也比较容易被接受。

2. 活用語連体形＋がゆゑ

例（3-64）　色即是空なる<u>が故</u>に、これを眞如實相といふ。（『栄花物語』
　　　　　　巻第一八）

→经文训读

例（3-65）　「善根の人は地水まづ去る<u>が故</u>に、緩慢して苦しみなし。」
　　　　　　（『栄花物語』巻第三〇）

→僧侣的会话文

例（3-66）　公卿にて十三年陽成院の御時に御祖父におはする<u>かゆへ</u>に
　　　　　　元慶元年正月に贈左大臣正一位次贈太政大臣。（『大鏡』天）

→叙述部分

中古和文中「活用語連体形＋がゆゑ」只有4例，数量上远远不及「活用語連体形＋φゆゑ」。从内容上看，例（3-64）出现在对经文训读的引用部分，例（3-65）是僧侣的会话文，例（3-66）是汉文风的历史记述。「活用語連体形＋がゆゑ」作为汉文训读调极强的表现，即使在平安后期，也仅出现在历史物语『栄花物語』『大鏡』的佛教教理和历史记述的内容中。

综上，中古和文中开始出现了用言接续的「ゆゑ」的用例，尤其是「活用語連体形＋φゆゑ」的形式在『源氏物語』等平安中后期的文本中开始增多。和文中的「活用語連体形＋φゆゑ」虽然在形式上与汉文训读文中的「活用語連体形＋φユエ（所以）」一致，但是在用法上与「活用語連体形＋（ガ）ユエ（故）」相同。因此，我们认为和文中的「活用語連体形＋φゆゑ」是继承了『西大寺本金光明最勝王経古点』等平安初期训点资料中的「活用語連体形＋φユエ（故）」的用法。此外，汉文训读调较强的「活用語連体形＋がゆゑ」在和文中十分罕见，只使用于历史物语的『栄花物語』和『大鏡』①中。

此外，以『源氏物語』为代表的『宇津保物語』『浜松中納言物語』『狭衣物語』『栄花物語』『宇治拾遺物語』『大鏡』等和文体文本中，可以同时发现「体言＋のゆゑ」和「活用語連体形＋φゆゑ」等源于汉文训读的形式（『大鏡』中没有「体言＋のゆゑ」的用例）。这也反映出汉文训读语在平安中后期开始大规模进入至和文体系中的趋势。

三、和汉混淆文中的接受——以『今昔物語集』为中心

我们在前两节中详细探讨了汉文训读文与和文中「ユエ（故）」使用情况的异同。用于接续助词的「活用語連体形＋ガユエ（故）」作为汉文训读特有的表达形式逐渐固定化，同时，「活用語連体形＋φユエ（故）」在汉文训读文中消亡，但作为较符合和文表达习惯的形式被平安中期以后的和文所接受。本小节将首先对和汉混淆文『今昔物語集』中的使用情况进行整理，分析其使用的文体倾向。

『今昔物語集』中「ユエ（故）」可按用法和形式分为以下六类。

---

① 『大鏡』的文章中有汉文训读语和记录语的混入，有时也被认为是和文调较强的和汉混淆文（「和文が優勢な和漢混淆文」）（参见『日本語学研究事典』）。此外，小久保崇明（1985）也曾指出，和文语和汉文训读语杂糅的形态是『大鏡』的文章特色之一，如「かくやうなり」「いとはなはだしく」等表达。

1.「体言＋ノ故ニ」

例（3-67）　其ノ罪ノ故ニ此ノ苦ヲ受ク。（『今昔物語集』巻二ノ37）

例（3-68）　嫉妬ノ故ニ遠助不思懸ズ、非分ニ命ヲナム失ヒテケリ。
（『今昔物語集』巻二十七ノ21）

2.体言＋ノ故也

例（3-69）　阿闍梨ノ云ク、「我レ、君ノ病ヲ祈テ試ム。此レ偏ニ、利益
衆生ノ故也」ト。（『今昔物語集』巻十六ノ22）

例（3-70）……名ヲ頼時ト改ム。亦且ハ守ノ同名ナル禁忌ノ故也。（『今
昔物語集』巻二十五ノ13）

3.活用語連体形＋φ 故ニ

例（3-71）　今、我ニ會ヘル故ニ阿那含果ヲ得タル也ト。（『今昔物語集』
巻二ノ30）

例（3-72）　其ノ女、遂ニ心直ナル故ニ、神仙此ヲ哀テ、神仙ニ仕フ。
（『今昔物語集』巻二十ノ42）

4.活用語連体形＋φ 故也

例（3-73）　其ノ後偏ニ、持経者、「此レ、法花経ノ霊験ノ至セル所、金
峰ノ蔵王ノ守リ給フ故也」ト知テ、（『今昔物語集』巻十二ノ39）

例（3-74）　但シ、高市麿田ノミニ雨降テ、余ノ人田ニ不降ズ。此レ偏
ニ、実ノ心ヲ至セレバ、天此レヲ感テ、守加フル故也。
（『今昔物語集』巻四十ノ41）

5.活用語連体形＋ガ故ニ

例（3-75）　三寶ヲ嫌ムガ故ニ、寺塔ノ邊ニ不近付ズ、若シ道ヲ行ク時
ニ僧ニ値ヌレバ、目ヲ塞テ還ヌ。（『今昔物語集』巻七ノ3）

例（3-76）　汝ヂ、今、懃ニ懺悔スルガ故ニ、我レ、カヲ加ヘテ、可令讀
シ。（『今昔物語集』巻十四ノ13）

6．活用語連体形＋ガ故也

例（3-77）　「……而ルニ、今日ノ杖ヲ負ニ、杖ノ當ル所、不強ズシテ、
年来ニ不似ズ。此レ、母ノ年老テカノ衰ヘテ弱ク成レルガ
故也ト思ガ悲キニ依テ泣ク也」ト。（『今昔物語集』巻九ノ11）
例（3-78）　此レヲ思フニ、海ニ入テ日来漂フト云ヘドモ、遂ニ命ヲ生
キ身ヲ存スル事ハ、此レ偏ニ、釋迦如来ヲ念ジ奉レル廣大
ノ恩徳也、亦、此ノ二ノ人、信ヲ深ク至セルガ故也。（『今
昔物語集』巻十二ノ14）

将『今昔物語集』中的用例按以上六类整理如表3-5。

表3-5　『今昔物語集』中的使用情况

	体言接続		用言接続			
	①	②	③	④	⑤	⑥
	体言＋ノ故ニ	体言＋ノ故也	活用語連体形＋φ故ニ	活用語連体形＋φ故也	活用語連体形＋ガ故ニ	活用語連体形＋ガ故也
巻一	0	0	5	2	10	2
巻二	2	0	7	2	7	0
巻三	1	0	8	2	6	0
巻四	1	0	1	3	1	1
巻五	0	1	0	3	3	0
巻六	0	0	5	1	10	1
巻七	0	0	2	0	12	0
巻九	0	0	2	3	6	3
巻十	1	0	1	6	4	2
天竺震旦部	5	1	31	22	59	9
巻十一	0	2	0	1	5	0

（续表）

	体言接続		用言接続			
	①	②	③	④	⑤	⑥
	体言＋ノ故ニ	体言＋ノ故也	活用語連体形＋φ故ニ	活用語連体形＋φ故也	活用語連体形＋ガ故ニ	活用語連体形＋ガ故也
卷十二	0	0	1	3	8	1
卷十三	0	0	4	1	5	0
卷十四	0	0	3	3	4	1
卷十五	1	0	3	2	4	1
卷十六	0	1	4	3	5	2
卷十七	1	1	5	3	3	1
卷十九	1	0	0	2	3	0
卷二十	1	0	3	2	12	0
本朝仏法部	4	4	23	20	49	6
卷二十二	0	0	0	0	0	0
卷二十三	0	0	0	0	1	0
卷二十四	0	0	1	1	1	0
卷二十五	0	2	0	0	1	0
卷二十六	0	0	0	0	0	0
卷二十七	1	0	0	0	0	0
卷二十八	0	0	0	0	0	0
卷二十九	0	0	0	0	1	0
卷三十	0	0	0	0	0	0
卷三十一	0	0	2	1	1	0
本朝世俗部	1	2	3	2	5	0
合计	10	7	57	44	113	15

从表3-5中可知,「故」的用例大多分布在汉文训读调较强的天竺震旦部和本朝佛法部。用言接续的出现频率(229＝③57＋④44＋⑤113＋⑥15)远超体言接续的出现频率(17＝①10＋②7),这与上一个时期的和文类资料中的使用情况有显著区别,说明用言接续的用法在『今昔物語集』中已经到了发展和巩固。

再看各形式的分布情况,体言接续的①和②集中于天竺震旦部和本朝佛法

部。体言接续的用例在『今昔物語集』中虽然不多,但都统一采用了「体言＋ノ故」的形式,可以认为这是受到了汉文训读文中「体言＋ノユヱ」的影响所致。③—⑥是用言接续的形式。『今昔物語集』中有「活用語連体形＋φ故」和「活用語連体形＋ガ故」两种形式。其中,③和④「活用語連体形＋φ故」的「故」用作原因理由的接续助词,该形式在和文中亦有使用。「活用語連体形＋φ故」在分布上集中在训读调较强的前20卷。⑤和⑥的「活用語連体形＋ガ故」是汉文训读文中的常用形式,在『今昔物語集』中也自然集中分布于天竺震旦部和本朝佛法部。但是,从句型结构上来看,「活用語連体形＋φ故」用于句中③还是句末④,在数量上没有很大差别,而「活用語連体形＋ガ故」用于句中⑤「活用語連体形＋ガ故ニ」的数量远高于用于句末⑥的「活用語連体形＋ガ故也」。这与汉文训读文中用于句中的「活用語連体形＋ガユヱニ」的使用频率极高具有相关性。从各句型的数量可以看出,相较于「活用語連体形＋ガ故」,「活用語連体形＋φ故」在日语原创文本中的运用较为自由。

　　表3-5中「活用語連体形＋φ故」和「活用語連体形＋ガ故」在总数和各卷的分布上都比较相近,两者均集中分布在前20卷。『今昔物語集』的文体以第20卷为界,前半部分偏向汉文训读调,后半部分偏向和文调。表3-5所示分布情况也表明,虽然「活用語連体形＋φ故」在和文中亦有使用,但是「活用語連体形＋φ故」和「活用語連体形＋ガ故」并不是一组在文体上对立的语言形式①。我们不能因为和文中「活用語連体形＋φ故」的使用较多,就认为它是和文体的特征语。因为我们在早期训点资料中发现了更多的用例。因此我们认为「活用語連体形＋φ故」是在汉文训读中创造出来的翻译表现,后被采用至有汉文训读语混入或存在和汉混淆现象的日语原创文本中。具体来说,「活用語連体形＋φ故」是基于佛教汉文中常见的「動詞＋故」的结构训读过来的形式,但是到了平安中后期,由于汉文训读文中的「動詞＋故」统一被训读为「活用語連体形＋ガ故」,而在汉文训读文中遭到了淘汰。但「活用語連体形＋φ故」作为较为自然的日语表达,被平安中后期的和文所接纳,并沿用至院政镰仓时期的和汉混淆文体的文章中。

　　以上观点在院政镰仓时期其他的说话文学和军记物语中也同样可以得到

---

① 　意义用法相同或相似,但在形式上"和汉对立"的典型的语言形式有和文语「いと」与汉文训读语「甚ダ」、和文语「ようなり」与汉文训读语「如シ」等。

验证。进一步考察院政镰仓时期的说话文学和军记物语中的使用情况,数量如表3-6所示。调查资料大致按时代顺序排列。

表3-6　院政镰仓时期和汉混淆文中的使用情况

资　料	体言＋φ故	体言＋ノ故	活用語連体形＋φ故	活用語連体形＋ガ故	小计
三宝絵	0	0	2	5	7
法華百座聞書抄	0	2	1	2	5
金沢本佛教説話集	2	1	2	6	11
三教指帰註	0	1	9	16	26
沙石集	8	27	136	7	178
十訓抄	2	1	25	5	33
延慶本平家物語	8	8	71	34	121
高野本平家物語	15	7	15	7	44
合计	35	47	261	82	425

从表3-6中可以发现,在具有和汉混淆文文体特征的说话文学和军记物语中,「活用語連体形＋φ故」和「活用語連体形＋ガ故」均有使用。尤其在『沙石集』和『延慶本平家物語』等镰仓时期的汉字假名混合体文本中,「活用語連体形＋φ故」的数量超过「活用語連体形＋ガ故」,占据优势地位。

通过对中古和文中使用情况的考察,我们发现作者有意识地避忌使用语感生硬的「活用語連体形＋がゆゑ」,而选择较多使用与和文的文体色彩更易融入的「活用語連体形＋φゆゑ」。到了院政时期,从『三宝絵』至『三教指帰註』,用言接续的「故」数量整体上仍然较少,其中,「活用語連体形＋ガ故」较为多用。这说明院政期还处于和汉混淆文的萌芽期,创作者较积极地借用汉文训读文中的表现,导致该阶段的文本训读色彩相对浓厚。而到了镰仓时期,『沙石集』『延慶本平家物語』等说话文学和军记物语中,「活用語連体形＋φ故」的数量显著增多,广泛使用于故事情节的展开、会话文以及文末论述部分。至此,我们可以认为该形式已成为和汉混淆文的常用表现。

体言接续的用法也呈现相似的发展趋势。和文中常用的「体言＋φ故」与汉文训读文中常用的「体言＋ノ故」在院政时期的数量均较少,但到了镰仓时

期,数量也有所增加。

在院政时期的『今昔物語集』中,「活用語連体形＋ガ故」和「活用語連体形＋φ故」多用于汉文训读调较强的天竺震旦部和本朝佛法部,而和文调较强的本朝世俗部中用例较少。这说明在院政时期,保留有汉文训读语色彩的「活用語連体形＋φ故」还受其文体特征的限制,尚未发展到可以自由使用的阶段。而进入镰仓时期,「活用語連体形＋ガ故」和「活用語連体形＋φ故」在各类文本中使用频率明显增高,且「活用語連体形＋φ故」的使用频率高于「活用語連体形＋ガ故」。这种现象表明,「活用語連体形＋φ故」的形成虽然受到了汉文训读的影响,但是该形式在汉文训读文中已消亡,而被杂糅着和汉混淆现象的文章所保留,可见它并不是一般意义上的汉文训读语,与日语的兼容性更强,因此将它作为一种和汉混淆文的特征用语①来考虑可能更为妥当。

四、小结

本节通过考察「ユヱ(故)」在各文体文本中的使用情况,厘清了原因理由的接续表现「(が)ゆゑ(に)」在汉文训读文中形成和在日语中被接受的过程。

平安时代的汉文训读文中,「体言＋ノユヱ」是体言接续的专用形式。而用言接续的「ユヱ」,在平安初期的训点资料中,「活用語連体形＋φユヱ」和「活用語連体形＋ガユヱ」都曾作为「動詞＋故」的训读被使用。但自平安中期起,「活用語連体形＋φユヱ」的训法逐渐消失,「活用語連体形＋ガユヱ」开始成为「動詞＋故」的定训,复合辞「(活用語連体形)ガユヱニ」成为汉文训读文中表示原因理由的固定搭配。这样的变化反映出以平安中期为过渡期,汉文训读语逐渐走向定型化、固定化的演变趋势。

另一方面,和文中的体言接续以「体言＋φゆゑ」的形式为主。平安中期以后,受到汉文训读的影响,部分文献中开始出现「体言＋のゆゑ」的形式。用言接续方面,源自汉文训读、但在汉文训读文中逐渐消亡的「活用語連体形＋φゆゑ」开始出现在平安中后期的和文文本中。这种现象也反映出该时期的和文开始向和汉混淆文演变的趋势。也就是说,平安中后期,和文体文献在词汇、语法、表达方式等方面,虽然还是以和文体为主体基调,但在以汉文为出典的部分、男性会话文以及特定的场合的描述中,开始逐渐融入了汉文训读的要素。

---

① 　青木毅(2006)、藤井俊博(1990)、山本真吾(1987)(2005)等研究对"和汉混淆文用语"有所论及。

到了院政时期,在『今昔物語集』等和汉混淆文中,用言接续的「活用語連体形＋ガ故」和「活用語連体形＋φ故」均有使用,但「活用語連体形＋ガ故」的数量仍然较多。而进入镰仓时期,更接近和文语言习惯的「活用語連体形＋φ故」的使用频率超过了训读调较强的「活用語連体形＋ガ故」。「活用語連体形＋φ故」虽然是由汉文训读而产生的表达形式,但它在汉文训读文中早已消亡,在和汉混淆文中的高频使用赋予了它和汉混淆文的特征。与和汉混淆文中的情况相同,在早期佛典类的训点资料中,也存在「活用語連体形＋ガ故」和「活用語連体形＋φ故」并用的情况。可见「活用語連体形＋ガ故」和「活用語連体形＋φ故」二者并用是僧侣的一种语言习惯,并通过他们的文笔在和汉混淆文的创作中得到了接受。

【调查资料】

［训点资料］

春日政治(1969)『西大寺本金光明最勝王経古点の国語学的研究』勉誠社

築島裕(1965)『興福寺本大慈恩寺三蔵法師伝古点の国語学的研究』東京大学出版会

中田祝夫(1954)『古点本の国語学的研究』講談社(『地蔵十輪経』元慶七年点、『法華経玄賛淳祐古点』『法華経義疏』長保四年点)

中田祝夫(1980)『地蔵十輪経』(巻五、巻七)元(元慶点、正倉院本)勉誠社

兜木正亨、中田祝夫(1979)『無量義経古点』勉誠社

太田次男、小林芳規(1982)『神田本白氏文集の研究』勉誠社

『高山寺古訓点資料第一』東京大學出版會(『論語』『史記』)

小林芳規(1958)「西大寺本 不空羂索神呪心経寛徳点の研究　釈文と索引」『国語学』33

［和文类资料］

古典索引刊行会編(2009)『万葉集電子総索引(CD-ROM)』(底本为塙書房刊『万葉集』)

山田忠雄(1958)『竹取物語総索引』武蔵野書院

日本大学文理学部国文学研究室(1967)『土佐日記総索引』日本大学文理学部人文科学研究所

塚原鉄雄、曾田文雄(1970)『大和物語語彙索引』笠間書院

大野晋、辛島稔子(1972)『伊勢物語総索引』明治書院

山田巖[ほか](1969)『平中物語本文と索引』洛文社

佐伯梅友、伊牟田経久(1981)『かげろふ日記総索引: 索引篇・本文篇』風間
　　書房

宇津保物語研究会(1973—1982)『宇津保物語: 本文と索引』笠間書院

松尾聡、江口正弘(1967)『落窪物語総索引』明治書院

土岐武治(1970)『堤中納言物語: 校本及び総索引』笠間書院

西端幸雄[ほか](1996)『平安日記文学総合語彙索引』勉誠社(『和泉式部日記』
　　『紫式部日記』『更級日記』)

伊井春樹編(1999)『角川古典大観源氏物語(CD-ROM)』角川書店

池田利夫(1964)『濱松中納言物語総索引』武蔵野書院

鎌田廣夫、相澤鏡子(1998)『讃岐典侍日記: 本文と索引』おうふう

阪倉篤義[ほか](1974)『夜の寝覚総索引』明治書院

塚原鉄雄[ほか](1975)『狭衣物語語彙索引』笠間書院

高知大学人文学部国語史研究会(1985—1987)『栄花物語: 本文と索引』武蔵
　　野書院

秋葉安太郎(1960)『大鏡の研究』桜楓社

増田繁夫[ほか](1975)『宇治拾遺物語総索引』清文堂出版

[説話文学、軍記物語]

馬淵昌子[ほか](1971—1981)『今昔物語集文節索引』笠間書院(底本为岩波書
　　店『日本古典文学大系』本)

中央大学国語研究会(1985)『三宝絵詞自立語索引』笠間書院

山内洋一郎(1997)『佛教説話集の研究: 金澤文庫本』汲古書院

小林芳規(1975)『法華百座聞書抄総索引』武蔵野書院

渡辺剛也(1966)『日本古典文学大系85 沙石集』岩波書店

有賀嘉寿子(2002)『古今著聞集総索引』笠間書院

泉基博(1982)『十訓抄: 本文と索引』笠間書院

築島裕・小林芳規(1980)『中山法華経寺蔵本三教指帰注総索引及び研究』武蔵
　　野書院

北原保雄・小川栄一(1999)『延慶本平家物語: 本文篇と索引篇』勉誠出版

近藤政美[ほか](1996—1998)『平家物語「高野本」語彙用例総索引』勉誠社

第四章

接续词「しからば」与「さらば」的形成与互动

第一节 接续词「しからば」的形成

　　一般认为,接续词在日语中发轫较晚,在中古日语中仍处于不发达的阶段①,是受到汉文训读的影响才发展起来的一类词。但是,我们在上代『万葉集』的和歌中发现了接续词的「しからば」的用例。并且,在同时代的纯汉文『日本書紀』、变体汉文『古事記』中也出现了可训读为「しからば」的汉字组合(「然者」「然則」等)。对上代日语中「しからば」的形成过程进行考察,有助于我们了解古代日语中接续词的使用状态,对了解日语接续词发展史有很大意义,但遗憾的是迄今未有关于「しからば」的专门研究。因此,本节将通过考察上代文献中「しからば」的假名表记例和汉字表记例的用法,并对「しからば」在上代文献和汉籍、佛典中用法的异同进行比较,进而探讨接续词「しからば」的形成。

一、上代文献中「しからば」的用法

　　在『万葉集』的和歌中,「しからば」的假名表记例仅有1例,如下:

　　例(4-1)　人妻と あぜかそを言はむ 然らばか(志可良婆加) 隣の衣を
　　　　　　　借りて着なはも(『万葉集』14・3472)

　　在这首和歌中,「しからば」的上句可解释为「人妻だと、どうしてそのことをいふのか」,是一个疑问句。下句即对上句作出回答,「それならば、隣の人

―――――――――――――

① 池上禎造(1947)指出中古日语中无明确的接续词。福島直恭(2008)也指出中古和文中接续词的使用频率低、种类少。

の着物を借りて着ないであらうか」①。「しからば」上承条件「人妻といはむ」，后续反诘「借りて着なはも」。

　　「しからば」不见于中古和文类资料中，因此学界一般将其视作汉文训读特有语。但也有研究指出，汉文训读调在上代已经开始形成，尤其是在山上忆良等汉文素养极高的歌人的和歌中，可以发现汉文训读语的使用痕迹②。但是，这首和歌属于作者不详的东歌，一般来说不会出现汉文训读的表现。除此之外，我们从数量上也可以推断「しからば」在当时的和歌语言中并未完全确立下来，仍属于比较罕见或创新的表达形式。因此，我们认为「しからば」并不是受到汉文训读的影响而产生的语言形式，而是古而有之，原本既已存在于日语中，之后多被用于对汉语文献的训读，而逐渐固定下来的表达形式。

　　为了证明以上观点，我们有必要对日本上代文献『古事記』与『日本書紀』中「しからば」的汉字表记及其用法进行详细考察。考察使用的文本为岩波书店日本古典文学大系本『古事記』和『日本書紀』，考察对象为文本中被训读为「しからば」的汉字表记「（若）然者」「然（則）」的用法③。

（一）『古事記』中「然」「然者」的用法

　　『古事記』中可见汉字表记「然者」。『古事記伝』『校本古事記』等注释书一般将「然者」读作「しからば」，而『古事記新訂版』和『日本思想大系　古事記』则将其读作「しかあらば」。但是鉴于『万葉集』中已出现了假名表记的「しからば」（志可良婆）的实例，我们认为「しからば」在上代已经形成，而上代文献中的「然者」正是「しからば」的汉字表记。

　　根据『日本古典文学大系』本『古事記』的训读，被读作「しからば」的汉字表记有13例。其中「然者」有10例，「然」有3例。值得引起注意的是，用例全部是会话

---

①　现代日语译文引自澤瀉久孝（1957）『萬葉集注釋』（中央公論社）。

②　参见小林芳規（1964）、築島裕（1963）等。

③　笔者根据高木市之助、富山民藏（1977）编『古事記総索引』（平凡社）对『古事記』中的用例进行诸本合校，发现除了『敷田年治標注本古事記』，其余诸本都与本节使用的『日本古典文学大系』本『古事記』中「然者」「然」及其训读「しからば」的情况一致。对『日本書紀』的用例，笔者调查了石塚晴通（2007）『尊経閣文庫本日本書紀本文・訓点総索引』（八木書店），可以确认『日本書紀』的古训点中有一例读作「シカラバ」的「然則」（「則」不读）：
（1）然ラバ則一宵に喚（メシ）二幾（イ）一（ク）廻（タヒ）乎（ヤ）（卷14—65）
此外，也有只在「然」后注以「は」的用例：
（2）然は則百濟、欲は新に造國を、必先、以女（メノコ）一人小子（ワラハ）を一て載船に一て而至（マウイタ）む（卷20—139）

文，处于会话文句首的有12例，句中的有1例。先看汉字表记「然者」的用法。用例下段的训读引自岩波书店日本古典文学大系本。

例（4-2）　故、以爲請將罷往之状參上耳。無異心。爾天照大御神詔、然者汝心之清明、何以知。（『古事記』上巻天照大神と須佐之男命）

训读：「故、罷り行かむ状を請さむと以爲ひてこそ參上りつれ。異心無し。」とまをしき。爾に天照大御神詔りたまひしく、「然らば汝の心の清く明きは何にして知らむ。」とのりたまひき。

例（4-3）　故於是速須佐之男命言、然者請天照大御神將罷。（『古事記』上巻天照大神と須佐之男命）

训读：故是に速須佐之男命言ひしく、「然らば天照大御神に請して罷らむ。」

例（4-4）　曾婆訶理答白隨命。爾多祿給其隼人曰、然者殺汝王也。（『古事記』下巻履中天皇）

训读：曾婆訶理「命の隨に。」と答へ白しき。爾に多に祿を其の隼人に給ひて曰りやまひしく、「然らば汝が王を殺せ。」とのりたまひき。

例（4-2）中「然者」用于天照大御神的会话文，对于须佐之男命的「無異心」，提出「汝心之清明、何以知」之疑问。例（4-3）中「然者」用于须佐之男命的会话文，「然者」后接「請天照大御神將罷」，内容为向天照大神请示后赴根之坚周国的意向，表达了自身意志。例（4-4）中「然者」用于水齿别命的会话文，对曾婆訶理说「然者殺汝王也」，后接对对方的命令。通过以上用例可知，『古事記』中的「然者」一般用于假设性地接受对方所说内容，在此基础上，引出对对方的命令，或自己的疑问、意志。

此外，『古事記』中还有单独的「然」字可训读作「しからば」。

例（4-5）　如此白之間、其建御名方神、千引石擎手末而來、言誰來我國而、忍忍如此物言。然欲爲力競。（『古事記』上巻葦原中国の平定）

训读：……擎げて來て、「誰ぞ我が國に來て、忍び忍びに如此物言ふ。然らば力競べ爲む。」

例(4-6)　爾天皇詔、<u>然</u>隨命宜幸行。(『古事記』下卷顯宗天皇)

训读:爾に天皇詔りたまひしく、「<u>然らば</u>命の隨に幸行でますべし。」

　　例(4-5)中的「然」后接「欲爲力競」,表明了说话者自身的意志。例(4-6)中的「然」后接「隨命宜幸行」,表达了对他人行动的劝诱,是一种较为委婉的命令。

　　我们将用例按「しからば」的后文类型和句中位置进行分类,结果如表4-1所示。

表4-1　『古事記』中「しからば」的用法

类　型	「然者」		「然」		小计
	句首	句中	句首	句中	
意志表现	3	0	0	1	4
命令表现	5	0	2	0	7
疑问表现	2	0	0	0	2
推定表现	0	0	0	0	0
合计	10		3		13

　　从表4-1可知,除去用于衔接疑问表现的2例,『古事記』中的「然」「然者」基本用于衔接意志表现和命令表现。

(二)『日本書紀』中「若然者」「然則(即)」的用法

　　与属于变体汉文文体的『古事記』不同,在以纯汉文为志向的『日本書紀』中,「しからば」在表记和用法上都呈现出不同的倾向。

　　根据日本古典文学大系本『日本書紀』,被训读为「しからば」的汉字表记中「若然者」有3例,「然則(即)」有8例。我们以前文(一)中的分类标准对『日本書紀』中的用例进行考察,结果如表4-2所示。

表4-2　『日本書紀』中「しからば」的用法

类　型	「若然者」		「然則(即)」		小计
	句首	句中	句首	句中	
意志表现	1	0	0	0	1

类 型	「若然者」		「然則（即）」		小计
	句首	句中	句首	句中	
命令表现	1	0	1	0	2
疑问表现	1	0	3	1	5
推定表现	0	0	1	2	3
合计	3		8		11

　　从表4-2可知，『日本書紀』中「若然者」衔接意志表现、命令表现、疑问表现各1例，而「然則（即）」则较多地用于衔接疑问表现和推定表现。

　　先考察『日本書紀』中「若然者」的用法。用例下段的训读同样引自岩波书店日本古典文学大系本。

例（4-7）　時天照大神勅曰、若然者、方當降吾兒矣。（『日本書紀』卷第二神代下）

训读：時に天照大神、勅して曰はく、「若し然らば、方に吾が兒を降しまつらむ。」とのたまふ。

例（4-8）　素戔嗚尊勅曰、若然者、汝當以女奉吾耶。（『日本書紀』卷第一神代上）

训读：素戔嗚尊、勅して曰はく、「若し然らば、汝、當に女を以て吾に奉れむや」とのたまふ。

例（4-9）　天照大神復問曰、若然者、將何以明爾之赤心也。（『日本書紀』卷第一神代上）

训读：天照大神、復問ひて曰はく、「若し然らば、將に何を以てか爾が赤き心を明さむ」とのたまふ。

　　『日本書紀』中「若然者」均出现在会话文中。例（4-7）是天照大神的会话文，「若然者」后接「方當降吾兒矣」，表明自己的意志。例（4-8）是素戔嗚尊的会话文，「若然者」后接「方當降吾兒矣」，表达对他人的命令。例（4-9）是天照大神的会话文，「若然者」后接「將何以明爾之赤心也」，表达疑问。

　　再看『日本書紀』中「然則」和「然即」的用法。

例（4-10）　由吾在故、汝得建其大造之績矣。是時、大己貴神問曰、然
　　　　　　則汝是誰耶。（『日本書紀』巻第一神代上）

训读：「……吾が在るに由りての故に、汝其の大きに造る績を建つこと
　　　　得たり」といふ。是の時に、大己貴神問ひて曰はく、「然らば汝は
　　　　是誰ぞ」とのたまふ。

例（4-11）　若其實請、宜陽賜予。然則百濟、欲新造國、必先以女人小
　　　　　　子載船而至。（『日本書紀』巻第二十敏達天皇）

训读：若し其れ實に請はば、陽 賜 予 へ。然らば百濟、新に國を造ら
　　　　　　　　　　　　　　　ゆるしたまふまねしたま
　　　　むと欲はば、必ず先づ女人・小子を以て船に載せて至らむ。

　　『日本書紀』中「然則」和「然即」也都出現在会话文中。例（4-10）是大已柜神
的会话文，「然則」后接「汝是誰耶」，表达疑问。例（4-11）是日罗传授作战策略的
会话文，「然則」后接「百濟、欲新造國、必先以女人小子載船而至」，表示推断。

　　通过以上考察可知，『日本書紀』中的「若然者」「然則」「然即」和『古事記』中
的「然」「然者」所表示的基本意义相同，均为「それならば・そうであるならば」
之义，即在假定前文内容成立的前提下，引出意志、命令、疑问、推定表现。但是，
对比表4-1与表4-2，可以发现『日本書紀』和『古事記』中的「しからば」在后续表
现上有很大不同：『日本書紀』中用于衔接疑问表现和推定表现的用例居多，而
『古事記』中则用于衔接意志表现和命令表现的用例居多。此外，『日本書紀』中
的「若然者」训读作「もししからば」，是一个条件分句，这样的用法完全沿袭了
后文提到的汉译佛经中「若然者」的用法。另一方面，『古事記』中的「然者」前面
不加「若」，这是因为日语中由「未然形＋ば（者）」来表示假定，而纯正的汉文文
献中没有相同的表达形式①。由此我们可以认为，『古事記』中「然者」与『万葉
集』中「しからば」的使用情况代表着上代语中接续词「しからば」的用法。

二、训点资料中「シカラバ」的用法

　　前文考察了日本上代文献中「しからば」的用法，发现在不同文体的文献
中，「しからば」的后续表现存在显著不同的倾向。下面对平安时代训点资料中
的「シカラバ」的用例进行整理，并与上代文献中的用法进行对比。

---

①　查《汉籍全文检索系统》4.20版（陕西师范大学编纂），只有"若然（者）"的用例，未见"然者"。

　　根据築島裕编『訓点語彙集成』(汲古書院、2007—2009)可知,训点资料中训读作「シカラバ」的汉字组合有「斯」「然(則)」「(若)然者」「(若)爾者」。在可追溯到原文的训点资料中,找到训读作「シカラバ」的用例合计8例。表4-3是将训点资料中的用例按后续表现进行分类整理的结果。

表4-3　训读资料中「シカラバ」的用法

类　型	「若然(者)・若爾」		「然則・而即」		小计
	句首	句中	句首	句中	
意志表现	1	0	0	0	1
命令表现	0	0	0	0	0
疑问表现	3	0	0	1	4
推定表现	1	1	0	1	3
合计	6		2		8

　　从表4-3可知,训点资料中的「シカラバ」用于衔接意志表现的有1例,用于衔接疑问表现和推定表现的占多数,各有4例和3例。

　　其中,汉字组合「若然者」「若爾」有6例,都训读作「モシシカラバ」。

例(4-12)　使臣日く若(し)然(ら)者[は]何を以てか罪を雪[きょ]めむ。

　　　　　使臣日。若然者何以雪罪。(興聖寺本『大唐西域記』・卷十二)

例(4-13)　若爾らば、……一切皆空なるべし。

　　　　　若爾……一切皆空。(大東急記念文庫本『大乗広百論』釈論承和点)

例(4-14)　法師(ノ)日(ク)、「此ハ是(レ)他宗ナリ、我[未]曾(テ)見未、汝但説ケ、苦(シフコト)無(カ)レ」、彼カ日(ハク)、「若(シ)然(ラ)ハ、夜中ニ至(ラ)ムト請フ、……」

　　　　　法師日。此是他宗我未曾見。汝但説無苦。彼日。若然,請至夜中。(『大慈恩寺三蔵法師伝』卷第四401)

　　例(4-12)中的「若(し)然(ら)者[は]」,后接「何を以てか罪を雪めむ」,表示疑问。例(4-13)中的「若爾らば」后接「一切皆空なるべし」,表示推定。例(4-14)的

「若（シ）然（ラ）ハ」后接「夜中ニ至（ラ）ムト請フ」，表示意志。

　　此外，训点资料中还有将汉语连词「然则」和「而即」训读作「シカラバ」的用例。

　　　例（4-15）　定慧と〔與〕福徳と時（を）異〔こ〕ト〕ニ（し）、醇一化と
　　　　　　　　　〔與〕澆―風「イ、　澆　」と運（音）殊なり。然（ら）ば則（ち）
　　　　　　　　　一一乗三―乗の〔之〕駕、安―〔可〕以て其の轍ヲ
　　　　　　　　　〔を〕同（じくす）べけ（むや）〔哉〕
　　　　　　　　　定慧與福徳異時。醇化與澆風殊運。然則一乗三乗之駕。安
　　　　　　　　　可以同其轍哉。（『大乗大集地蔵十輪経』序6）
　　　例（4-16）　舊（に）は道士と名（づくる）こと其の言（音）、最勝なり。而
　　　　　　　　　（ら）ば即（ち）世に張李のマクスシ（の）〔之〕道を學するは
　　　　　　　　　本は治―頭と〔及〕鬼卒とに名（づけ）たり。後に佛法の道
　　　　　　　　　士の〔之〕名を盗み取（れ）リ〔也〕。
　　　　　　　　　舊名道士。其言最勝。而即世學張李之道本名治頭及鬼卒。
　　　　　　　　　後盗取佛法道士之名也。（『法華義疏』序品初478）

　　例（4-15）中的「然（ら）ば則（ち）」后接「一一乗三―乗の〔之〕駕、安―
〔可〕以て其の轍ヲ〔を〕同（じくす）べけ（むや）〔哉〕」，表示疑问。例（4-
16）的「而（ら）ば即（ち）」后接「世に張李のマクスシ（の）〔之〕道を學するは
本は治―頭と〔及〕鬼卒とに名（づけ）たり。後に佛法の道士の〔之〕名を盗
み取（れ）リ〔也〕」，表示推定。

　　通过以上考察可知，「シカラバ」在训点资料中被用作「若然（者）」「若爾」
「然则」「而即」等词组的训读。除去意志表现的一例，这些用例多用于衔接疑问
表现和推定表现。「シカラバ」在训点资料中的使用倾向与『日本書紀』中的「若
然者」「然则（即）」的情况基本一致。

三、"若然者"与"然则"的语义

　　在上一小节中，我们比较了日本上代文献和中古训点资料中「しからば」用
法的异同，但考虑到训点资料中佛教类文献居多且目前可以收集到的用例较
少，本小节将进一步对无训点记录的汉籍资料和佛教资料分别进行考察以确保

结论的可靠性。

下文所引为『漢語文典叢書』(汲古書院)中的记述。我们可以从中了解到日本江户时代的汉学家们对"若然者"与"然则"语义的认识。

若然者　サフデアルヨフナレバ(『助語審象』橘園三宅口授、釋海定等
　　　　編、1817年)

然則　其事理如レ此サフアル時ハカクノ如クアルハヅゾト轉シテ下文
　　　ヲソコヘ引一出ナリ但シ論語先進ノ篇云今由ト與レ求也可レ謂ツ
　　　二具臣ト矣然ラハ則従ハンレ之二者ノ與トアル此ノ時ハ下ニ疑問ノ
　　　詞ノ與ノ字アルユヘシカラバトヨムテニハナリ(『語助譯辞』松井
　　　河楽編、1679年)

根据以上记述,"若然者"为「サフデアルヨフナレバ」之义。"然则"为「サフアル時ハ」之义,引出下文「カクノ如クアルハヅ」(此为推定),当「疑問ノ詞ノ與ノ字アル」时,即下文伴随疑问词时,应当训读作「シカラバ」。

此外,日本的汉语学者牛島德次(1967)(1971)在『漢語文法論』的「古代編」和「中古編」中,分别列出了「然則」和「若然」二语作为表达「肯定的な経過」的形式,并且认为「然則」和「若然」同为顺接的连词,但「然則」比「若然」更古老。

通过以上研究可知,纯汉文中的"若然者"和"然则"都是表示顺接的连词,与「しからば・それならば」同义。

(一)汉籍中"若然者"与"然则"的用法

下面利用《汉籍全文检索系统》第4.20版(陕西师范大学),以《论语》《孟子》《庄子》《淮南子》《史记》为语料,考察传统汉籍类语言中"若然者"与"然则"的用法。表4-4是对汉籍中"若然者"与"然则"的用法进行整理的结果。用例中的训读文引自『新釈漢文大系』(明治書院)。

表4-4　汉籍资料中"然则"的用法

类　型	论语		孟子		庄子		淮南子		史记		小计
	句首	句中	句首	句中	句首	句中	句首	句中	句首	句中	
意志表现	0	0	0	0	0	0	0	0	0	0	0
命令表现	0	0	0	0	0	0	0	0	0	0	0
疑问表现	2	0	13	5	14	3	2	1	10	5	55

（续表）

类　型	论语		孟子		庄子		淮南子		史记		小计
	句首	句中	句首	句中	句首	句中	句首	句中	句首	句中	
推定表现	0	0	4	2	5	0	0	2	0	8	21
合计	2		24		22		5		23		76

　　先看汉籍中"然则"的用法。如表4-4所示，汉籍中的"然则"均用于衔接疑问表现和推定表现。

　　例（4-17）　子貢問、師與商也孰賢。子曰、師也過。商也不及。曰、然則師愈與。（『論語・先進第十一』）

训读：子貢問ふ、師と商とは孰れか賢れると。子曰く、師や過ぎたり。商や及ばずと。曰く、然らば則ち師は愈れるかと。

　　例（4-18）　則秦魏之交可錯也。然則魏必図秦而弃儀、收韓以相衍。（『史記・張儀列伝第十』）

训读：則ち秦魏の交はりをば錯むべし。然らば則ち魏は必ず秦を図りて儀を弃て、韓を收めて衍を相とせん、と。

　　例（4-17）是孔子与子贡的对话，"然则"后接"师愈与"，表示疑问。例（4-18）在"则秦魏之交可错也"的前提下，做出"魏必图秦而弃仪、收韩以相衍"的推断。以上两例都表示"如此，就……"之义，前后文之间存在紧密的因果关系。

　　再看汉籍中"若然者"的用法。查《汉籍全文检索系统》，用例集中出现在《庄子》和《淮南子》中，各有14例和8例。但是都如训读文中所示，句中"若然者"为「然るが若き者」之义，即表示"如此之人"。

　　例（4-19）　君子明於此十者、則韜乎、其事心之大也。沛乎、其為萬物逝也。若然者、藏金於山、藏珠於淵。（『荘子・外篇天地第十二』）

训读：君子は此の十者に明かならば、則ち韜乎なり、其の心を事むることの大なるは。沛乎たり、その萬物の逝と為るは。然るが若き者は、金を山に蔵し、珠を淵に蔵す。

95

例(4-20)　此真人之道也。若然者、陶冶萬物、與造化者為人。(『淮南子』卷二「俶真訓」)

训读：此れ真人の道なり。然るが若き者は、萬物を陶冶して、造化者と與に人為り。

例(4-19)的"若然者"指代前文"君子"。例(4-20)的"若然者"指代前文"真人"。这些例子中的"若然者"整体相当于一个名词，表示"如此之人"，作句子的主语。由此可知，至少在西汉之前的汉籍中，"若然者"不表示"如此，就……"之义，汉籍中的"若然者"与『日本書紀』中的「若然者」虽同形但异义，不是本节要考察的对象。

汉籍中的"然则"有可以解释为「しからば」的用例，后接疑问表现和推定表现的情况居多，尤其是疑问表现。另一方面，汉籍中虽然能找到"若然者"的汉字组合，但这并不是本节考察的接续用法。

(二)佛典中"若然者"的用法

通过上文的考察，我们发现汉籍中不存在用于衔接的"若然者"，因此我们推断该用法是佛教类汉文的特殊用法。下面我们通过检索『SAT 大正新脩大藏經テキストデータベース』2012版(SAT 2012)中的用例来进行确认。经检索，该语料库中"若然者"共计出现951次。笔者以六朝时代的汉译佛经《阿毘曇毘婆沙论》、隋唐时代中国僧侣撰述的《大唐西域记》《法苑珠林》《妙法莲华经玄义》《法华玄论》《法华义疏》《法华游意》为语料，考察了其中"若然者"的具体用法。表4-5是对上述佛典中"若然者"的用法进行整理的结果。

表4-5　佛典类资料中"若然者"的用法

类　型	阿毘曇毘婆沙论论论	大唐西域记	法苑珠林	妙法莲华经玄义	法华玄论	法华义疏	法华游意	小计
意志表现	0	1	0	0	0	1	0	2
命令表现	0	2	1	0	0	0	0	3
疑问表现	347	1	2	0	0	1	1	352
推定表现	19	0	0	0	2	1	0	23
合计	366	4	3	1	2	3	1	380

如表4-5所示，上述七部佛经中"若然者"共计出现380例，其中，出现在汉译佛经《阿毘昙毘婆沙论》中的有366例。

例（4-21）　問曰、<u>若然者</u>、聖人何以修道耶。（『阿毘曇毘婆沙論』卷第十八）

例（4-22）　問曰、<u>若然者</u>、佛阿毘曇何者是耶。（『阿毘曇毘婆沙論』卷第一）

在例（4-21）和例（4-22）中，"若然者"与「もしそれならば」同义，衔接疑问句。这样衔接疑问句的"若然者"在《阿毘昙毘婆沙论》中高达347例。同样的情况，也存在于隋唐时代中国僧侣撰述的经典中。如：

例（4-23）　法出諸佛、法生佛道。<u>若然者</u>、何不先念法後念佛耶。（『法苑珠林』卷第三十四）

此外，"若然者"用于衔接推定表现、意志表现、命令表现的用例各有23例、2例、3例。其中，推定表现较多一些。

例（4-24）　有覺有觀、無覺有觀。<u>若然者</u>則違經文。（『阿毘曇毘婆沙論』卷第二）

例（4-25）　龍曰、<u>若然者</u>願無廢毀。（『大唐西域記』卷第六）

例（4-26）　菩薩曰、<u>若然者</u>宜往駄那羯磔迦國城南山巖執金剛神所。（『大唐西域記』卷第十）

以上用例中的"若然者"均与「もしそれならば」同义。例（4-24）中的"若然者"衔接推定表现。例（4-25）中的"若然者"衔接意志表现。例（4-26）中的"若然者"衔接命令表现。

由表4-5可知，除汉译佛典《阿毘昙毘婆沙论》之外，中国撰述的佛教资料中"若然者"的用例并不多，但可以确定的是，它不同于汉籍中的用法，在句中发挥着衔接的功能。佛经中的"若然者"表示「もししからば」之义，多用于会话文的句首，后接疑问表现或推定表现。通过以上抽样调查，我们发现"若然者"在佛经

中出现频率极高,是佛经语言中一种特殊的惯用表达。

综上所述,汉籍中的"然则"和佛典中的"若然者"多用于衔接疑问表现和推定表现,其中又以疑问表现居多。并且,与「しからば」用法相当的"若然者"只存在于佛典中,可以说是佛典特有的用法①。从后句的类型来看,『日本書紀』和训点资料中「しからば」的用法与汉籍中的"然则"和佛典中的"若然者"存在相似性。

四、小结

本节通过考察上代文献中「しからば」的假名表记例和汉字表记例的用法,并将其与汉籍、佛典中用法的异同进行比较,发现从用例的后接表现来看,『日本書紀』中的「然則」「然即」多用于衔接疑问表现和推定表现,这与汉籍中"然则"和佛典中"若然者"的用法基本一致。与之不同,『古事記』中的「然者」则多用于衔接意志表现和命令表现。我们认为,『古事記』中的「然者」和『万葉集』中假名表记「しからば」的用法是在尚未受到汉文训读影响的情况下,接续词「しからば」的固有用法。「しからば」早期的用法不带有文体上的限制,后句可衔接的类型相对宽泛。但是,自平安时代起,由于「シカラバ」多用于训点资料中「若然者」「然則」等词组的训读,受到原汉文的影响,多用于衔接疑问表现和推定表现,用法逐渐固定化。

此外,『古事記』的「然者」多用于衔接意志表现和命令表现,这与下一节讨论的中古和文中「さらば」的用法如出一辙。这一情况也表明同一个表达形式在固有日语与汉文训读文中在用法层面存在明显差异,值得进一步探索。

第二节　接续词「しからば」与「さらば」的互动
——由文体引起的用法差异

一般认为,「しからば」与「さらば」属同义但在文体上存在对立的两种语言形式,即「しからば」只出现于汉文训读文中,而「さらば」只出现于和文中②。但是基于上一节的考察结果,我们认为两者在用法上存在细微差别,并推测和文

---

① "若然者"可能是当时的口语或俗语,因此不用于汉籍或韵文中,而在佛教资料,尤其是汉译佛经中常被使用。

② 築島裕(1963)『平安時代の漢文訓讀語につきての研究』,東京大学出版会,第462-463頁。

中的「さらば」继承了『古事記』中「然者」的用法。为了说明这一点,本节将对中古和文、中世汉混淆文中的「さらば」进行考察,同时将其与汉文训读文中的专用形式「シカラバ」的用法进行对照,描述两者在用法上逐渐分化的过程。并且从文体论的角度,对『今昔物語集』中的「然ラバ」进行考察,为其训读方法提供参考。

一、中古和文中「さらば」的用法

查找上代文献中「然」「爾」等汉字的训读,我们只发现了「しか」而不见「さ」的使用①。到了中古平安时代,「さ」作为一个新的语言形式,在和文体文本中取代了「しか」。就接续词「しからば」和「さらば」而言,上代只存在「しからば」一种形式,而自中古起,和文中不见「しからば」但屡见「さらば」。因此,本节将对中古和文中的「さらば」进行考察,以厘清其与上代日语中的「しからば」以及汉文训读文中「シカラバ」的关系。

在上一节中,我们将上代的「しからば」的后续文按意志、命令、疑问、推定四种表现类型进行分类,考察了不同文体文本中「しからば」在使用上的倾向及其差异。本节也将采用同样的方法对中古和文中的「さらば」的使用情况进行考察。

经统计,我们发现中古和文中的「さらば」均用于会话文(包括心理活动)。将用例按后句的类型进行分类,结果示于表4-6中。当后句为省略句时,则根据前后语境推测②。惯用表现「さらばとて」和告别时的寒暄语「さらば」不作为考察对象。

表4-6　中古和文中「さらば」的用法

资　料	意志表现	命令表现	疑问表现	推定表现	小计
竹取物語	3	0	0	0	3
大和物語	0	0	1	0	1

① 原田芳起(1962)指出,『万葉集』中只存在「しか」一种形式。虽然关于卷十第2329号歌中「然而」一词的训法仍存在争议,有部分注释书将其训读为「さて」,但是由于『万葉集』中没有将「然」训读作「さ」的实例,我们认为还是将其训读作「しかに」的可能性更高。此外,关于中古时期「しか」转化为「さ」的过程,现有的研究仍无法给出翔实的答案。

② 例如,「盤渉調を、いと、をかしく吹きて、(中将)『いづら、さらば』と、の給ふ。」(『源氏物語』手習)。该句出现在中将催促妹尼弹琴的场面,虽然「さらば」的后句被省略了,但根据前后语境可以推测出,此处会衔接诸如「さあ、どうですか、では、琴をお弾きなされ」之类表示命令的内容。

资　料	意志表现	命令表现	疑问表现	推定表现	小计
伊勢物語	1	0	0	0	1
平中物語	2	4	1	2	9
蜻蛉日記	2	6	0	1	9
宇津保物語	31	25	11	15	82
落窪物語	6	3	2	2	13
枕草子	2	7	1	2	12
源氏物語	23	27	3	21	74
和泉式部日記	2	0	0	0	2
紫式部日記	1	0	0	0	1
讃岐典侍物語	2	1	0	0	3
更級物語	0	0	0	1	1
夜の寝覚	8	5	1	5	19
浜松中納言物語	4	3	0	1	8
狭衣物語	5	10	6	12	33
栄花物語	4	4	0	2	10
大鏡	1	1	0	2	4
合计	97(34%)	96(33.7%)	26(9.1%)	66(23.2%)	285(100%)

从表4-6中可知，中古和文中「さらば」多达285例。其中，衔接意志表现的有97例，衔接命令表现的有96例，衔接疑问表现的有26例，衔接推定表现的有66例。虽然衔接疑问表现的用例相对较少，但整体上分布较为宽泛。意志表现和命令表现合计93例，占到整体用例的67.7%；疑问表现和推定表现合计92例，占到整体用例的32.3%。可见后句类型中意志表现和命令表现较多，从这一点来说，中古和文中的「さらば」与上代的「しからば」具有同样的特征，在用法上相对稳定，没有发生太大变化。

下面通过具体例句来考察中古和文中「さらば」的用法。

（一）さらば＋意志表现

在意志表现的用例中，「さらば」以所指代的内容为前提条件，用于衔接表

示自己意志的话语。

例（4-27）　心得がたく、おぼえて、（時方）「さらば、のどかに参らむ。……」（『源氏物語』蜻蛉）

例（4-28）　はかなく、くちおしと思して、げにたゞ人にはあらざりけりと、（帝）「さらば御ともにはいて行かじ。……」と仰せらる……（『竹取日記』御門の求婚）

　　例（4-27）中，文末以表示意志的助动词「む」结尾（のどかに参らむ）。在「さらば」用于衔接意志表现的用例中，以「む」结尾的用例占到很高比例。例（4-28）的文末以「じ」结尾，表达了否定的意志（御ともにはいて行かじ），这样的用例在中古和文中也有不少。

（二）さらば＋命令表现

　　「さらば」用于衔接命令表现的用例中包括强烈的命令，也包含较为委婉的劝诱。

例（4-29）　（薫）「そこはかと、思ひわくことは、なきものから、いにしへのことゝ聞き侍るも、物あはれになむ。さらば、かならず、この残り、聞かせ給へ。」（『源氏物語』橋姫）

例（4-30）　（大殿）「それは僻事なり。いかでか。さらば、故大將をこそは、贈大臣の宣旨を下させ給はめ」と奏せさせ給へば、（帝）「さらばさべきやうに行ひ給べし」と宣はすれば、（『栄花物語』巻第十）

例（4-31）　「げににくくもぞなる。さらばな見えそ」とて、おのづから見つべきをりも、（『枕草子』第四十七段）

　　衔接命令表现的用例中，以动词、助动词以及补助动词的命令形结尾的占绝大多数，如例（4-29）中的「聞かせ給へ」。再如例（4-30），以推量助动词「む」（「……こそ……め」）或「べし」结尾，以表示对他人行为的劝诱。这样的用例在中古和文中也不少见。此外，也有表示禁止的用例，如例（4-31）的「……な……そ」。

（三）さらば＋疑问表现

疑问表现的用例一般指以「さらば」的前项为前提,后项提示说话人疑问的情况。广义疑问句中的反问、诘问也包含在内。

例（4-32） ……と、のたまへば、(女房)「さらばいかゞは、侍るべからむ」と、聞ゆ。(薫)「北面などやうの隠れぞかし、かゝる古人などのさぶらはむに、ことわりなる休み所は。それも、又、たゞ、御心なれば、愁へ聞ゆべきにも侍らず」とて、(『源氏物語』宿木)

例（4-33） ……夜晝、思ひほれて、同じ事をのみ、(入道)「さらば、若君をば見たてまつらでは、侍るべきか」といふよりほかのことなし。(『源氏物語』松風)

例（4-32）中的「さらば」用于衔接寻求对方意见的询问(いかゞは、侍るべからむ)。例（4-33）中「さらば」的后项以反问的形式表达对若君的思念(見たてまつらでは、侍るべきか)。

（四）さらば＋推定表现

推定表现的用例是指以前提条件为根据,引导出强烈的推测(「こうであろう」)或断定(「こうであった」)的情况。

例（4-34） (内大臣)「につかはしからぬ役なゝり。かく、たまさかにあへる親の孝せむの心あらば、この、物のたまふ声を、すこしのどめて聞かせ給へ。さらば、いのちも延びなんかし」と、をこめい給へる大臣にて、ほゝゑみてのたまふ。(『源氏物語』常夏)

例（4-35） ……車より、「いとよう知れる人の、憂き事どものありける、言ひし聞きしかば。心憂し。言はじ」と言ひければ、「さらば、これは志賀の人なるべし」と思ふに、(『平中』二十四)

例（4-36） 女、「あれはさこそあれ。それが憂きこと」とて、になくあ

さましきことをつくり出だしつゝ、言ひ散らしければ、「あ
な、いとほし。知らで過ぎぬべかりけり。<u>さらば</u>、いと心
憂きものにこそありけれ。」(『平中』二十五)

例(4-34)中,「さらば」用于衔接对未定事态的推测(いのちも延びなん)。
「さらば」用于衔接说话人的强烈推测是推定表现中最典型的一类。此外,还有
基于对方提供的内容或信息,对既定的事物作出逻辑上的推理或判断的情况,
如例(4-35)中的「これは志賀の人なるべし」和例(4-36)中的「いと心憂きもの
にこそありけれ」。

山口堯二(1980)认为条件表现中存在一类"现实假定"(「現実仮定」),即以
已经实现、或将要实现的情况为条件的假定,并指出「さらば」属于"现实假定"
倾向极强的形式之一。也就是说,虽然「さらば」是表示顺接假定条件的接续词,
一般情况下,其承接的条件仍是可能成立的事态,但是,在具体的用例中,「さら
ば」也可用于承接已经成为现实或者现实性极高的事态。「さらば」用于承接高
现实性的事态,也就产生了基于前后因果关系做出推理或判断的用法,如上文
中例(4-35)和例(4-36)这样的情况。

下面我们将中古和文中的「さらば」与同时期的汉文训读文中的「シカラ
バ」的使用情况进行对比,以明确两者的特征。

据築島裕编『訓点語彙集成』(汲古書院、2007—2009),「シカラバ」在训点
资料中只有区区10例。此外,『訓点語彙集成』中还收录了「シカ」系其他的接续
词。其中,逆接接续词「シカルヲ」有48例、「シカレドモ」有62例,在训点资料中
用例较多。而顺接接续词「シカラバ」有10例、「シカレバ」有10例,用例相对较
少。築島裕(1963)曾指出,「しか」系的一类词虽然属于训点特有语,但它们在和
文中也有出现。据初步调查,中古和文中可见接续词「しかれども」(『古今集序』
1例、『竹取物語』1例、『土佐日記』1例、『大鏡』1例)、「しかるを」(『栄花物語』
1例)、「しかれば」(『大鏡』3例),但是没有出现「しからば」的用例。可以确定的
是,「しからば」虽然在汉文训读文中的用例不多,但它在和文中也不被使用。

在汉文训读文中,「若然(爾)者」「然(爾)則」均被训读作「シカラバ」。用例
不局限于会话文,也出现在佛典的论述部分。在收集到的例句中,「シカラバ」用
于衔接意志表现的有1例,衔接疑问表现的有4例,衔接推定表现的有3例。虽然
数量不多,但是可以看出汉文训读文中的「シカラバ」在用法上有很强的倾向,

即多用于衔接疑问表现和推定表现。

更引起我们注意的是古辞书中的记载。観智院本『類聚名義抄』载「然者サラハ」(佛下末　五〇),其中不见「シカラバ」的训读。关于観智院本『類聚名義抄』词汇收录的情况,築島裕(1988)曾指出,観智院本『類聚名義抄』中增加了部分和文与和歌专用,且不见于汉文训读的词汇[①],并认为该现象体现了改编本系的『類聚名義抄』从特定典籍的和训集成向一般辞书发展的趋势。本节讨论的「さらば」也属于不用于汉文训读,但在和文中比较常见的词汇。「さらば」的出现反映了改编本系『類聚名義抄』的发展趋势,为築島裕(1988)的观点提供了支持。

此外,山口佳紀(1966a)指出『類聚名義抄』在编纂过程中不仅收集了纯汉文中出现的词汇,还收集了部分变体汉文的词汇或表记,如「無墓　ハカナシ」(僧上　六〇)。本节考察的「然者」也是其中一例。这是因为「然者」的表记不见于纯汉文,而多见于『小右記』『中右記』『民経記』等古记录中,是变体汉文中使用率极高的接续词[②]。从「然者　サラハ」(佛下末　五〇)这一词条可以看出,観智院本『類聚名義抄』的编者收录「さらば」时,并没有使用「若然(爾)者」「然(爾)則」等纯汉文中的表记,而是借用了变体汉文中的汉字表记「然者」。

通过以上考察可知,汉文训读文中的「シカラバ」在数量上用例较少,在用法上限制性较强。相反,和文中的「さらば」在数量上用例较多,在用法上也比较宽泛。从和文中的用例数量和古辞书的收录情况来看,「さらば」已经发展成为当时的一般日常用语。

二、院政镰仓时期文本中「さらば」与「しからば」的用法

(一)『今昔物語集』中「然ラバ」的用法

关于『今昔物語集』中「然ラバ」的训读方法,学界一直存在争议。岩波书店日本古典文学大系本的注解载「サラバ・シカラバのいずれに従うべきか遽かに決定することをさしひかえた」。「然ラバ」读作「シカラバ」还是「サラバ」,目前还没有定论。通过以上考察,我们发现二者在文体上以及用法上存在一定的

---

① 築島裕(1988)中还列举了「サソフ」「ミソカニ」「カシカマシ」等常见于和文、和歌,但一般不用于汉文训读的和训。

② 利用东京大学史料编纂所『古記録フルテキストデータベース』,对接续词「然者」进行检索,发现该词在『小右記』中有43例,『中右記』中有102例,『民経記』中有179例,使用非常广泛。

区别,可以为『今昔物語集』中的「然ラバ」的训读方法提供参考。因此,我们将对『今昔物語集』中的「然ラバ」的用法进行考察①,在此基础上,确定其文体性质及其训读方法。

1.「然ラバ」＋意志表现

例(4-37)　和上ノ云ク、「我ガ力ラ更ニ不及ズ。汝ヂ速ニ我ガ大師、佛ノ御許ニ詣テ問ヒ奉レ。然ラバ我レ、汝ヲ具シテ佛ノ御許ニ将参ルベシ」ト。(『今昔物語集』巻三ノ23)

例(4-38)　此ノ佛師ノ喜サニ、「然バ此ヲ与ヘテム」ト思テ、自引出シテ与ツ。(『今昔物語集』巻十六ノ5)

2.「然ラバ」＋命令表现

例(4-39)　僧ノ云ク、「然ラバ、神、近ク坐シ給ヘ」ト。(『今昔物語集』巻七ノ19)

例(4-40)　天皇、「實ニ然ラバ、誓言ヲ可立シ」ト被仰ケルニ、……(『今昔物語集』巻二四ノ26)

3.「然ラバ」＋疑问表现

例(4-41)　問テ宣ハク「然ラバ何ヲ以テカ功徳ニ非ズト可知キ」ト。(『今昔物語集』巻六ノ3)

例(4-42)　五位ノ云ク、「然ラバ我レ其ノ佛ノ名ヲ呼ビ奉ラムニ荅ヘ給ヒテムヤ」ト。(『今昔物語集』巻十九ノ14)

4.「然ラバ」＋推定表现

例(4-43)　國王ノ宣ク、「然ラバ此ノ人定メテ物知タラム」トテ、(『今

---

①　本节调查中使用的底本为岩波书店『日本古典文学大系』本『今昔物語集』,并使用馬淵和夫编『今昔物語集文節索引』进行用例统计。根据该索引,大系本『今昔物語集』中考察对象有「然ラバ」「然バ」「然」三种表记形式。本书中统一以「然ラバ」示之。

昔物語集』卷四ノ12)

例(4-44)　僧、……其ノ時ニ思ハク、「然ラバ、彼ノ煮テ食ツル猪ハ、
　　　　　観音ノ我ヲ助ケムガ為ニ、猪ニ成リ給ヒケルニコソ有ケレ」
　　　　　ト思フニ、(『今昔物語集』卷十六ノ4)

『今昔物語集』中的「然ラバ」可见上述四种用法。表4-7是将每卷中的用例
按用法分类整理后的结果。

表4-7　『今昔物語集』中「然ラバ」的用法

卷别	意志表现	命令表现	疑问表现	推定表现	小计
卷一	0	2	1	1	4
卷二	0	1	0	1	2
卷三	1	1	1	2	5
卷四	1	2	1	2	6
卷五	4	3	2	2	11
卷六	1	3	2	1	7
卷七	0	2	2	1	5
卷九	2	4	2	3	11
卷一〇	2	6	3	3	14
小计	11(16.9%)	24(36.9%)	14(21.5%)	16(24.6%)	65(100%)
卷一一	3	2	0	1	6
卷一二	0	4	0	1	5
卷一三	2	0	0	0	2
卷一四	1	0	0	0	1
卷一五	1	1	1	1	4
卷一六	3	3	1	1	8
卷一七	3	1	0	0	4
卷一九	4	4	2	0	10
卷二〇	2	1	0	4	7
小计	19(40.4%)	16(34%)	4(8.5%)	8(17%)	47(100%)

（续表）

卷别	意志表现	命令表现	疑问表现	推定表现	小计
卷二二	0	1	0	0	1
卷二三	3	4	0	1	8
卷二四	1	6	0	1	8
卷二五	4	0	0	0	4
卷二六	0	4	0	0	4
卷二七	7	3	2	1	13
卷二八	5	7	1	1	14
卷二九	6	12	0	2	20
卷三〇	0	2	0	0	2
卷三一	1	2	0	0	3
小计	27(35.1%)	41(53.2%)	3(3.9%)	6(7.8%)	77(100%)
合计	57(30.2%)	81(42.9%)	21(11.1%)	30(15.9%)	189(100%)

　　如表4-7所示，「然ラバ」在天竺震旦部有65例，本朝佛法部有47例，本朝世俗部有77例，整体上分布较均匀。这样的分布情况说明「然ラバ」与山口佳纪(1966b)提出的『今昔物語集』中贯穿始终的文体基调(「文体基調」)有关。也就是说，「然ラバ」不受出典文体的影响，是作者在改写出典文章样式时常用的表达形式。我们认为「然ラバ」是反映『今昔物語集』文体基调的一种表达形式，那么「然ラバ」不会存在两种不同的训读方法，我们需要将训法统一为「シカラバ」或「サラバ」的其中之一。

　　据观察，在『今昔物語集』中，「然ラバ」的用例都出现在会话文中。这说明『今昔物語集』的作者将其作为日常会话语来使用。并且，用于衔接意志表现和命令表现的「然ラバ」的数量占到全体用例的73.1%，这与和文中的「さらば」的使用情况(意志表现和命令表现占67.7%)较为相近。另一方面，「シカラバ」在汉文训读文中用例虽然不多，但用法极端偏向于衔接疑问表现和推定表现，因此将「然ラバ」训读作「シカラバ」的可能性较低。鉴于以上原因，我们认为『今昔物語集』中的「然ラバ」是日语中日常口语「サラバ」的表记，应该将其训读作「サラバ」。

　　尽管从用例的分布上来看，「然ラバ」是反映『今昔物語集』文体基调的要素

之一,但是观察其后项衔接的表现类型,不难发现各种表现在各部的分布上存在一些差别。天竺震旦部、本朝佛法部、本朝世俗部中,用于衔接意志表现和命令表现的用例总和在各部中分别占全体用例的53.8%、74.4%、88.3%,比例呈增高趋势;而用于衔接疑问表现和推定表现的用例总和在各部中分别占全体用例的46.1%、25.5%、11.7%,比例呈降低趋势。也就是说,和文调越强,用于衔接意志表现和命令表现的用例比例越高;而汉文训读调越强,用于衔接疑问表现和推定表现的用例比例越高。

下面通过对比天竺震旦部中所见「然ラバ」与出典汉文的关系,来进一步了解「然ラバ」的文体性质。「然ラバ」在以《冥报记》《三宝感应要略录》《孝子传》①为出典的故事中,共计出现16例。通过对比发现,出典汉文中均不见与「然ラバ」相对应的表达形式。这也证明,即使在汉文训读调较强的部分,「然ラバ」也是『今昔物語集』的作者在改写时自己附加的表达,其使用与否不受汉文出典的影响。

与汉文出典的关系具体可以分为以下两类:

(1) 出典中不见与「然ラバ」相对应的汉字,但存在对应的后续表现,如a、b;

(2) 出典中不见与「然ラバ」相对应的汉字及后项,下划线部分整体都属于作者附加,如c、d。

a 『……汝ヂ、速ニ娑婆ニ還テ、毎日ニ四十八巻ヲ誦セヨ。然ラバ、一千日ノ後、當ニ上品ノ地ニ可生シ』ト……(『今昔物語集』卷六ノ44)

a' 汝早還娑婆。毎日誦四十八巻。一千日後方生上品地。(『三宝感応要略録』卷中)

b 比丘、此レヲ受テ、天ニ問テ云ク、「天上ニ般若有リヤ无ヤ」ト。天答テ云ク、「天上ニ般若有リ」。比丘ノ云ク、「然ラバ、般若、天ニ有ルニハ、何ノ故ニ来テ供養スルゾト。」(『今昔物語集』卷七ノ7)

b' 問天曰。天上有般若否。答云有。比丘問云。若有經卷何故來下。(『三宝感応要略録』卷中)

---

① 出典参照了芳賀矢一(1970)『攷證今昔物語集』冨山房、岩波書店『日本古典文学大系・今昔物語集』的头注。考察时采用了橋本仲美(1969)使用的调查方法。《冥报记》《三宝感应要略录》《孝子传》一般被认为是『今昔物語集』天竺震旦部最可靠的汉文出典。

    c 廻璞ガ云ク、「我レ、行歩ニ不堪ズ」。使ノ云ク、<u>「然ラバ、馬ニ乗テ</u>
      <u>可参シ」</u>ト。廻璞、家ノ内ニ有ル馬ヲ曳出デヽ乗テ、二ノ人ニ従テ
      行ク。(『今昔物語集』巻九ノ32)

    c' 璞曰。我不能歩行。即取璞馬乗之。隨二人行。(『冥報記』巻中)

    d 「……願クハ、師、我レニ恐ルヽ事无カレ」ト。僧ノ云ク、<u>「然ラ</u>
      <u>バ、神、近ク坐シ給へ」</u>ト。神、僧ト近ク坐シ給テ、語ヒ給フ事、人
      ノ如シ。(『今昔物語集』巻七ノ19)

    d' 願師無慮。僧因延坐。談説如人。(『冥報記』巻中)

    第一类情况共计8例。其中,如 a、b 所示,出典汉文中已存在疑问表现和推定表现,『今昔物语集』的作者只是在改写时,在相应内容前加上了「然ラバ」,这样的用例高达7例。『今昔物语集』的作者在既有的疑问表现和推定表现前特意附加「然ラバ」,以创作出一种符合汉文训读文体特色的表达方式。也可以看出,出典汉文中原有的表达内容是导致天竺震旦部中用于衔接疑问表现和推定表现的用例较多的原因之一。

    第二类情况也出现了8例。其中,用于衔接意志表现和命令表现的用例高达7例。当与汉文出典的内容出入较大时,「然ラバ」用于衔接意志表现和命令表现的用例较多。与第一类情况不同,这些例句中的后项内容属于作者的自由创作。也就是说,对于『今昔物语集』的作者来说,「然ラバ」用于衔接意志表现和命令表现是较为自然的用法。

    综上所述,我们认为『今昔物语集』中的「然ラバ」读作「サラバ」的可能性较大。但在天竺震旦部,「然ラバ」用于衔接疑问表现和推定表现的用例也有不少。这在很大程度上受到了出典汉文的影响,使得「然ラバ」也包含了一部分「シカラバ」在用法上的特征。总体上来说,『今昔物语集』中的「然ラバ」较多用于衔接意志表现和命令表现,但在汉文训读调较强的部分,用于衔接疑问表现和推定表现的用例也会有所增加。这样的倾向在镰仓时期的和汉混淆文中也有所显现。

(二) 镰仓时期资料中「さらば」与「しからば」的用法

    进入镰仓时期,「さらば」与中古和文中的使用情况相似,广泛分布于和文、军记物语、说话集等文本中。另一方面,「しからば」也开始出现在少数文本中。将该时期文本中「さらば」与「しからば」的用例按后项表现类型分类,结果示于表4-8中。

表4-8 镰仓时期资料中「さらば」「しからば」的用法

类型		和文		军记物语			说话集				佛书			小计
		堤中納言物語	宇治拾遺物語	保元物語	平治物語	延慶本平家	古本説話集	金澤本仏教	沙石集	古今著聞集	歎異抄	西方指南抄	光言句	
「さらば」	意志	1	16	2	5	20	2	0	5	10	0	0	0	61(29.9%)
	命令	7	22	10	9	33	3	0	14	12	0	0	0	110(54.7%)
	疑问	0	1	1	0	5	0	0	4	3	1	0	0	15（7.5%)
	推定	1	2	0	0	4	1	0	4	2	0	1	0	15(7.5%)
	合计	9	41	13	14	62	6	0	27	27	1	1	0	201(100%)
「しからば」	意志	0	0	0	0	1	0	0	0	0	0	0	0	1(6.7%)
	命令	0	0	1	0	0	0	0	0	0	0	0	0	1(6.7%)
	疑问	0	0	0	0	0	0	1	0	0	0	0	0	2(13.3%)
	推定	0	1	1	0	0	0	0	1	1	3	3	1	11(73.3%)
	合计	0	1	3	0	1	0	1	1	1	3	3	1	15(100%)

1. 镰仓时期的「さらば」用法

镰仓时期资料中的「さらば」的用法及其相应的用例列举如下：

(1)「さらば」＋意志表现。

例（4-45） 修行者、悦て、「道も知り候はぬに、<u>さらば</u>道までも参ら
ん」(『宇治拾遺物語』第十七話)

例（4-46） 「イザ<u>サラバ</u>、仲兼ガ馬ニ乗カヘ<u>ム</u>」トテ、馬ノ下タ尾白カ
リケルニ乗替タリ。(『延慶本平家』第四ノ59才)

(2)「さらば」＋命令表现。

例（4-47） 鎌田ことはりとや思けん、「<u>さらば</u>わ殿其やうを<u>申給へ</u>。」
と……(『保元物語』中 為義最後の事)

例（4-48） 「実ニイミジク思給ヘリ。<u>サラバ</u>侍者ニナリテ、當寺ニヰ給
<u>ヘカシ</u>」ト、……(『沙石集』巻六ノ9)

（3）「さらば」＋疑问表现。

例（4-49）　「サラバ、ナド初ヨリアリノ侭ニ申サベリケル」ト、（『沙石集』巻九ノ7）

例（4-50）　「サラバ云何セン」トハ仰有ケレドモ、（『延慶本平家』第四ノ30ウ）

（4）「さらば」＋推定表现。

例（4-51）　「……入たまへ。さらばあつさにたへずしてはい出なん」といふ。（『古今著聞集』六九九話）

例（4-52）　サラハ諸宗ノイキトホリニハ、オヨフヘカラサル事也。（『西方指南抄』下末六十六）

　　如表4-8所示，在镰仓时期的资料中，可以发现「さらば」用于衔接意志表现、命令表现、疑问表现、推定表现的用例，但是用法的分布呈现出不同的倾向。其中，衔接意志表现和命令表现的用例各为61例和110例，合计数量占全体用例的85.1%，比起中古时期的和文体文本有所提高。但在和文调较强的『堤中納言物語』『保元物語』『平治物語』中，「さらば」的用例基本上都用于衔接意志表现和命令表现，仅有少数衔接疑问表现和推定表现；而在汉文训读调较强的『延慶本平家物語』『沙石集』『古今著聞集』中，可以较多地看到用于衔接疑问表现和推定表现的用例。此外，在『歎異抄』『西方指南抄』等日本佛书中，虽然形式上还是「さらば」，但在用法上，不见衔接意志表现和命令表现的用例，「さらば」只用来表示疑问表现和推定表现的条件，在用法上更接近于「しからば」。这反映出「さらば」在训读调较强的文本中会倾向衔接疑问表现和推定表现的趋势。这一点与前文提到的『今昔物語集』的天竺震旦部中「然ラバ」的使用情况相似。

　　2. 镰仓时期的「しからば」用法

　　再看镰仓时期资料中「しからば」的用法。本小节的考察对象均为原文用假名表记、或汉字表记为「爾」①的用例。

————————————

① 日本古代文献中，「爾」只读作「しか」，不读作「さ」。

（1）「しからば」＋意志表现。

例（4-53）　敵此ノ節女ヲトラヘテ、「汝ガ夫ヲ我ニ殺サセヨ。シカラバ
　　　　　　君ニ伴ヒテ、春花明月ノ詠ヲモナシ、山鳥白雪ノ興ヲモマ
　　　　　　サム。……」ト云。（『延慶本平家』第二末ノ21オ）

（2）「しからば」＋命令表现。

例（4-54）　「明日卯辰の時に此御所へまいるべし。しからばかのともが
　　　　　　らを相具して、ゆきむかつて合戦あるべし。」（『保元物語』
　　　　　　上「新院御所各門々固めの事付けたり軍評定の事」）

（3）「しからば」＋疑问表现。

例（4-55）　「忠功他にことなり。しからば縦卿相の位に昇といふとも、
　　　　　　誰か傾申べき。」（『保元物語』中「関白殿本官に帰復し給ふ事」）
例（4-56）　妻猶恨みテ云はく、「爾らば君、何故ニカ年来久シク我ト汝
　　　　　　ト一懐ニ有りシ昔ノムツビニ依りテ、今何故ニカ近く来ら
　　　　　　ざラム。」（金澤本仏教説話集・三一4）

（4）「しからば」＋推定表现。

例（4-57）　（僧）「……『我は東大寺の聖宝なり』と、高く名のりてわたり
　　　　　　給へ。しからばこの御寺の大衆より下部にいたるまで、大
　　　　　　僧供ひかむ」といふ。（『宇治拾遺物語』第一四四話）
例（4-58）　シカラハ彌陀ノ本願ノ本意ニモタカヒテ、信心ハカケヌル
　　　　　　ニテアルヘキナリ。（『西方指南抄』下末三十五）

从表4-8可知，鎌仓时期资料中「しからば」共计15例，多数见于军记物语中男性会话文或佛教相关内容中。其中，用于衔接推定表现的用例有11例，是最常见的用法。此外，衔接疑问表现的用例有2例，衔接意志表现和命令表现的用例

各1例。用于衔接疑问表现和推定表现的用例占到全体用例的86.6%，这样的使用倾向与汉文训读文中的「シカラバ」一致。

三、小结

通过以上考察可知，随着时代的变迁，「さらば」用于衔接意志表现和命令表现的倾向有所增强：虽然中古和文中的「さらば」用于衔接疑问表现的用例不多，但衔接意志表现、命令表现、推定表现的用例较多，用法上较为丰富；自院政镰仓时期起，在和文调较强的资料中，「さらば」基本用于衔接意志表现和命令表现。另一方面，训读系统的「しからば」也开始出现在受汉文训读影响较大的资料中，但基本用于衔接疑问表现和推定表现。

院政镰仓时期，「しからば」的用例只有数例，主要用于以佛教说话集以及佛书类文献中。尤其在『歎異抄』和『西方指南抄』等佛书中，「しからば」的数量甚至超过了占据主流的「さらば」。这说明「しからば」较多地用于与汉文较为亲近的僧侣的文笔中。镰仓时期文献中的「しからば」与汉文训读文中的「シカラバ」的用法相同，都倾向衔接疑问表现和推定表现。推而言之，在镰仓时期，「さらば」与「しからば」的用法分化趋于完成，并开始以不同的分工在和汉混淆文中得以并存①。

【调查资料】

［训点资料］

大坪併治（1961）『訓点語の研究』風間書房

大坪併治（1993）『改訂訓点語の研究　下』風間書房

春日政治（1985）『西大寺本金光明最勝王経古点の国語学的研究』勉誠社

曾田文雄（1960）「興聖寺大唐西域記卷十二併読解文」『訓点語と訓点資料』第十四輯

曾田文雄（1961）「興聖寺大唐西域記卷十二併読解文—『賛』以下の部—」『訓点語と訓点資料』第十五輯

築島裕（1965）『興福寺本大慈恩寺三蔵法師伝古点の国語学的研究』東京大学出版会

---

① 清瀬良一（1955）和小林賢次（1996）考察了室町时代资料中「さらば」的用法，指出其在用法上具有明显的后接意志表现与命令表现的倾向。

中田祝夫（1954）『古点本の国語学的研究』講談社

［中古和文］

山田忠雄（1958）『竹取物語総索引』武蔵野書院

日本大学文理学部国文学研究室（1967）『土佐日記総索引』日本大学文理学部
　　人文科学研究所

塚原鉄雄、曾田文雄（1970）『大和物語語彙索引』笠間書院

大野晋、辛島稔子（1972）『伊勢物語総索引』明治書院

山田巖［ほか］（1969）『平中物語本文と索引』洛文社

松尾聡、江口正弘（1967）『落窪物語総索引』明治書院

榊原邦彦［ほか］（1967）『枕草子総索引』右文書院

伊井春樹編（1999）『角川古典大観源氏物語（CD－ROM）』角川書店

鎌田廣夫、相澤鏡子（1998）『讃岐典侍日記: 本文と索引』おうふう

阪倉篤義［ほか］（1974）『夜の寝覚総索引』明治書院

塚原鉄雄［ほか］（1975）『狭衣物語語彙索引』笠間書院

高知大学人文学部国語史研究会（1985—1987）『栄花物語: 本文と索引』武蔵
　　野書院

秋葉安太郎（1960）『大鏡の研究』桜楓社

『蜻蛉日記』『宇津保物語』『和泉式部日記』『紫式部日記』『更級日記』『浜松中納
　　言物語』国文学研究資料館編『大系本文（日本古典文学・噺本）データベー
　　ス』（底本为岩波『日本古典文学大系』本）

［鎌倉时代资料］

増田繁夫［ほか］（1975）『宇治拾遺物語総索引』清文堂出版

北原保雄、小川栄一（1999）『延慶本平家物語 本文篇と索引篇』勉誠社

山内洋一郎（1969）『古本説話集総索引』風間書房

山内洋一郎（1997）『佛教説話集の研究』（『金澤文庫本』）汲古書院

有賀嘉寿子（2002）『古今著聞集総索引』笠間書院

山田巖、木村晟（1986）『歎異抄 本文と索引』新典社

『西方指南抄』（『親鸞聖人真蹟集成』巻五・六）

『光言句義釋聴集記』（『高山寺資料叢書』第七冊　本文及び総索引）

『堤中納言物語』『保元物語』『平治物語』『沙石集』（国文学研究資料館編『大系
　　本文（日本古典文学・噺本）データベース』（底本为岩波『日本古典文学大系』本）

第五章

接续词的发展与文体
——以『今昔物語集』为中心

第一节　不同文体中的接续词

接续词是日语中的产生较晚的一类词。池上祯造(1947)曾指出,中古日语中未见明确的接续词。该观点在学界亦多被采纳。但如果中古日语中确实不存在明确的接续词,那么中世以后日语资料中的接续词又是从何而来,又为何被广泛使用的呢?从构造上看,日语中的接续词多由指示词系的副词或名词与助词复合而成,因此能否将其整体视作一个词来看待,在学界仍存在争议。上代、中古作为接续词的萌芽期,可能已经有个别的接续词以及接续词类词汇(为论述方便,下面将两者合称为"接续词")的产生,但至今论者寥寥,我们有必要对该阶段的使用情况进行考察。

本章以『今昔物語集』为主要考察文本,辅以与『今昔物語集』的语言有着密切关系的汉文训读体、和文体、变体汉文体文本,通过比较以厘清日语接续词的发展与文体的关系。具体文本资料包括以下几类:

(1)『今昔物語集』的纯汉文出典:『冥報記』『大唐西域記』;

(2)『今昔物語集』的日本佛教系变体汉文出典:『日本霊異記』『日本往生極楽記』『法華験記』;

(3)与『今昔物語集』有着相似故事情节的和文体资料:『宇治拾遺物語』;

(4)与『今昔物語集』大致同时期、同样受到过汉文训读影响的历史物语:『大鏡』『栄花物語』;

(5)对『今昔物語集』的文体有一定影响的文献:贵族日记系变体汉文『御堂関白記』『小右記』,军记物语『将門記』,以及贵族说话文学『江談抄』;

(6)与『今昔物語集』的文体比较接近的和汉混淆文:『三宝絵』『法華百座聞書抄』『打聞集』。

本节将基于现有的研究对和文、汉文训读文、记录体文本中接续词的使用情况进行整理、概述。

高橋尚子(1985)、福島直恭(2008)、岡崎友子(2013)都曾对中古和文中的接续词进行过考察。高橋尚子(1985)指出,中古日语中的接续词在种类和使用率上都没有发生历时的数量变化。福島直恭(2008)认为中古和文中只存在「かかれば、かくて、また、さて、かくてまた、さりければ」6个接续词,指出中古和文中接续词的使用和种类都很少。岡崎友子(2013)则指出,女性作者书写的文本中接续词的使用较少,而男性书写的文本中接续词的使用较多。接续词在男性作品中较多出现,表明接续词的使用与汉文训读有着紧密的关联。

接续词在和文中本就不多,多见于汉文训读文中。築島裕(1963)曾关于接续词的使用,对训点资料『大慈恩寺三藏法師伝古点』与和文『源氏物語』做过比较,指出训点资料中存在「カルガユエニ」「カレ」「ココニ」「ココヲモチテ」「コノユヱニ」「コレニヨリテ」「コレヲモテ」「シカノミナラズ」「シカウシテ」「シカウシテノチニ」「シカルニ」「シカニハアラズ」「シカモ」「シカルヲ」「シカラバ(シカレバ)」「シカリトイヘドモ」「シカレドモ」「ソレ」「タダシ」「モシソレ」「ユヱニ」「ユヱヲモテ」等接续词,但这些词在『源氏物語』中均未有出现①。因此,築島裕(1963)将该类词归为"训读系的接续词"。

关于记录体文本中使用的接续词,峰岸明(1986)指出,记录体文本中存在部分汉文训读系的接续词,如「爰(ココニ)」「是故(コノユヱニ)」「因茲(コレニヨリテ)」「雖然(シカリトイヘドモ)」「而(シカルニ)」「然而(シカレドモ)」「但(タダシ)」「并(ナラビニ)」「仍(ヨリテ)」等,除此之外,还存在记录体特有的接续词,如「然間・而間(シカルアヒダ)」。

从中古到中世,汉文训读文中的接续词表达形式被借用至其他各类文体的文本中,丰富了日语原创文本中的接续词。由于『今昔物語集』在词汇、语法等方面,以第20卷为界前后分别偏向汉文训读调和和文调,并且峰岸明(1959)、山口康子(2000)等研究指出,『今昔物語集』的文体还受到了变体汉文的影响,因此,『今昔物語集』非常适合用于考察文体相关的语言问题。下面我们将以『今昔物語集』为主要文本,考察接续词的使用倾向与文体之间的关系。

---

① 此外,築島裕(1963)还指出,『源氏物語』中虽存在「ソモソモ」一词,但它在和文中作副词用,并无接续词的用法。

第二节　『今昔物語集』中接续词的使用情况

　　本节以築島裕(1963)、峰岸明(1986)、福島直恭(2008)等先行研究中指出的典型接续词作为考察对象。具体考察对象为包含某种因果关系的条件接续词，即顺接接续词和逆接接续词，不包括表示并列、添加、选择、转换关系的接续词。我们将『今昔物語集』中的接续词分为顺接与逆接，再按文体类别分为和文系、汉文训读系和变体汉文系三类，结果如表5-1所示。需要注意的是，「然らば」「然れば」「然れども」中的「然」字若读作「シカ」则为汉文训读系，若读作「サ」则为和文系。由于部分读法目前尚无定论，故另设一栏「※」，暂不讨论其文体性质。

表5-1　『今昔物語集』中的接续词

顺接接续词(14)	和文系(6)	かかるほど、かかれば、かくて、さて、さるは、さるほど
	汉文训读系(4)	これによりて、これをも(ち)て、このゆゑに、しかうして
	变体汉文系(2)	しかるあひだ、しかるほど
	※(2)	然らば(さらば、しからば)、然れば(されば、しかれば)
逆接接续词(8)	和文系(4)	かかれど、さりとて、さりとも、されど
	汉文训读系(4)	しかるに、しかるを、しかりといへども
	※(1)	然れども(されども、しかれども)

　　如表5-1所示，『今昔物語集』中表示顺接的接续词有14个，表示逆接的接续词只有8个，顺接接续词的数量远远超过了逆接接续词的数量。

　　我们按天竺震旦部、本朝佛法部、本朝世俗部，对『今昔物語集』中接续词的使用情况进行统计，将接续词的类别、频数以及顺接接续词与逆接接续词的小计数量列于表5-2中。( )内所示数值是接续词在各部的数量占全卷数量的百分比。表格下栏中表示的是总频数、接续词种类、平均频数以及顺接接续词与逆接接续词的总频数之比。所得结果均保留至小数点后一位。

表5-2 『今昔物語集』各部中接续词的分布

用法	文体	接续词	天竺震旦部	本朝佛法部	本朝世俗部	小计
顺接	和	かかるほど	4(100%)	0(0%)	0(0%)	4(100%)
		かかれば	4(100%)	0(0%)	0(0%)	4(100%)
		かくて	24(31.6%)	22(28.9%)	30(39.5%)	76(100%)
		さて	31(8.7%)	43(12%)	284(79.3%)	358(100%)
		さるは	1(50%)	0(0%)	1(50%)	2(100%)
		さるほど	2(20%)	2(20%)	6(60%)	10(100%)
	汉	このゆゑに	27(73%)	9(24.3%)	1(2.7%)	37(100%)
		これをも(ち)て	45(72.6%)	16(25.8%)	1(1.6%)	62(100%)
		これによりて	96(54.9%)	66(37.7%)	13(7.4%)	175(100%)
		しか(う)して	1(25%)	1(25%)	2(50%)	4(100%)
	变	しかるあひだ	153(19.7%)	435(56%)	189(24.3%)	777(100%)
		しかるほど	19(79.2%)	4(16.7%)	1(4.2%)	24(100%)
	※	然らば	63(40.6%)	36(23.2%)	56(36.1%)	155(100%)
		然れば	587(36.1%)	592(36.4%)	446(27.4%)	1625(100%)
顺接(小计)			1057	1226	1030	3313
逆接	和	かかれど	1(100%)	0(0%)	0(0%)	1(100%)
		さりとて	5(17.9%)	4(14.3%)	19(67.9%)	28(100%)
		さりとも	3(13.6%)	4(18.2%)	15(68.2%)	22(100%)
		されど	0(0%)	1(50%)	1(50%)	2(100%)
	汉	しかりといへども	37(82.2%)	7(15.6%)	1(2.2%)	45(100%)
		しかるに	165(30%)	315(57.3%)	70(12.7%)	550(100%)
		しかるを	4(40%)	5(50%)	1(10%)	10(100%)
	※	然れども	54(30.7%)	76(43.2%)	46(26.1%)	176(100%)
逆接(小计)			269	412	153	834
总频数			1326	1638	1183	4147
种类			21	18	19	22
平均频数			63.1	91.0	62.3	188.5
顺接/逆接(合计)			3.9	3	6.7	4

一、接续词种类

如表5-2所示,接续词在天竺震旦部有21种,本朝佛法部有18种,本朝世俗部有19种,在种类数量上并无明显差别。并且,大部分接续词在三部中均有使用。值得引起注意的是,和文系接续词「かかるほど」「かかれば」「かかれど」(以下,简称为「か」系接续词)并未见于本朝佛法部和本朝世俗部,但在汉文训读影响较大的天竺震旦部各出现4例、4例、1例。另一方面,和文系接续词「されど」不见于天竺震旦部,在本朝佛法部和本朝世俗部各有1例。这四个接续词均为和文系接续词,使用频率也较低。

二、接续词频数与分布特征

表5-2还显示,接续词总频数在天竺震旦部出现1326例,本朝佛法部出现1638例,本朝世俗部出现1183例。虽然总频数与每一部的体量有关,但整体来说差别不大。接续词个体的分布特征按其文体性质可以归纳出以下四点:

(1)和文系接续词中,表示顺接的「さて」「さるほど」与表示逆接的「さりとて」「さりとも」(以下,简称为「さ」系接续词)在本朝世俗部的比例均超过60%。可见,「さ」系接续词集中在受和文体影响较大的本朝世俗部,符合其文体性质。和文系的「か」系接续词中,「かくて」的使用频率较高,且整体上分布较为均匀。而「かかるほど」「かかれば」「かかれど」的分布则不符合其文体性质,只出现在偏向汉文训读调的天竺震旦部。

(2)汉文训读系接续词基本集中在天竺震旦部。尤其是明示因果关系的接续词「このゆゑに」「これをもちて」「これによりて」,在天竺震旦部的所占比例分别达到了73%、72.6%、54.9%。在后20卷的本朝佛法部和本朝世俗部中,三者的使用频率逐步降低,可见和文调越强,明示因果关系的接续词的使用频率越低。并且,表示逆接的接续词「しかりといへども」在天竺震旦部中的比例高达82.2%,与因果关系接续词呈现出相似的使用倾向。

(3)变体汉文系接续词中,「しかるあひだ」广泛分布于全卷,但受变体汉文影响较大的本朝佛法部相对较多。而「しかるほど」①却在天竺震旦部中较多出现。

---

① 我们认为「しかるほど」(「而ル程」)是由「しかるあひだ」(「而ル間」)和「さるほど」(「然ル程」)二者混淆而成的新表达形式。已有的研究指出「しかるあひだ」是变体汉文特有语,而「さるほど」只存在于和文中(据初步统计,『宇治拾遺物語』中有13例,『大鏡』中有2例)。「しかるほど」一词不见于和文和变体汉文中,故而我们认为这是『今昔物語集』的作者创造出来的表达形式。

（4）无法确定其训读方法和文体性质的「然れば」「然らば」「然れども」广泛分布于各部，无明显的使用差异。这或许说明三者与『今昔物語集』的文体基调有关，是古代日语中的日常用语。

三、顺接接续词与逆接接续词之比

顺接接续词与逆接接续词的频数之比在天竺震旦部、本朝佛法部、本朝世俗部分别为3.9∶1、3.0∶1、6.7∶1。由此可见，和逆接接续词相比，顺接接续词在三部中的使用均高出很多。而和本朝世俗部相比，天竺震旦部和本朝佛法部中逆接接续词的使用频率相对较高。

接续词具有明示语言逻辑关系、表现主体思考过程的功能。高橋尚子（1985）指出，和顺接接续词相比，逆接接续词对逻辑思考的要求更高。这是因为顺接接续词与逆接接续词在前项和后项之间存在某种因果关系这一点上是相同的，但使用逆接接续词时，在认识到寻常的因果关系的基础上，还需认识到前项与后项之间的矛盾关系。观察『今昔物語集』中接续词的使用情况，可以发现在天竺震旦部和本朝佛法部中逆接接续词「しかりといへども」「しかるに」「しかるを」较多出现。而顺接接续词中，明示因果关系的接续词「このゆゑに」「これをもちて」「これによりて」也集中出现在天竺震旦部中。相反，本朝世俗部中使用频率较高的是「然れば」「さて」「かくて」等只表示时间经过或事件罗列，逻辑关系较弱的接续词。因此，从接续词的分布来看，汉文训读调较强的天竺震旦部和本朝佛法部更多地使用了逻辑性较强的表达形式。

第三节　与相关文本的比较

下面考察『今昔物語集』与其他15类相关文本中所见接续词使用情况的异同。将各文本中与『今昔物語集』共通的接续词的种类、使用频率及顺接接续词与逆接接续词之比等数据整理于表5-3中。表中文本按文体类别排列，同一文体类别中的文本按成立年代排列。

表 5－3 『今昔物語集』与 15 种文本的比较

用法	文体	接続詞	今昔物語集	冥報記	大唐西域記	日本往生極楽記	日本霊異記	法華験記	宇治拾遺物語	大鏡	栄花物語	御堂関白記	小右記	将門記	江談抄	三宝絵	法華百座聞書抄	打聞集
順接	和	かかるほど	4	0	0	0	0	0	18	2	120	0	0	0	0	0	0	0
		かかれば	4	0	0	0	0	0	4	9	8	0	0	0	0	0	0	0
		かくて	76	0	0	0	0	0	22	24	302	0	0	0	0	0	3	4
		さて	358	0	0	0	0	0	71	94	158	0	0	0	0	0	5	14
		さらば	0	0	0	0	0	0	42	7	10	0	0	0	0	2	5	1
		されば	0	0	0	0	0	0	58	48	33	0	0	0	0	0	4	7
		さるは	2	0	0	0	0	0	2	8	23	0	0	0	0	0	0	0
		さるほど	10	0	0	0	0	0	13	2	0	0	0	0	0	0	0	0
	汉	このゆゑに	37	1	3	0	81	22	0	0	1	0	0	0	0	17	1	0
		これをもて(ち)て	62	1	1	1	2	1	0	0	0	1	1	2	3	0	1	0
		これによりて	175	0	0	0	13	8	1	0	0	1	1	3	4	14	3	1
		しか(う)して	4	19	1	0	63	2	0	0	0	5	4	3	6	0	0	0
		しからば	0	2	0	0	0	1	1	0	0	0	3	1	7	0	0	0
		しかれば	0	3	0	0	4	1	4	3	0	0	0	3	21	0	7	3
	変	しかるあひだ	777	0	0	0	0	0	1	0	0	0	11	0	3	1	0	0
		しかるほど	24	0	0	0	0	0	0	0	0	0	0	0	0	0	0	0

（续表）

用法		接续词	今昔物語集	冥報記	大唐西域記	日本往生極楽記	日本霊異記	法華験記	宇治拾遺物語	大鏡	栄花物語	御堂関白記	小右記	将門記	江談抄	三宝絵	法華百座聞書抄	打聞集
順接	※	然らば	155	0	0	0	0	0	0	0	0	0	0	0	0	0	0	0
		然れば	1625	0	0	0	0	0	0	0	0	0	0	0	0	0	0	0
		順接（小计）	3313	26	5	1	163	35	237	197	655	7	9	23	44	34	29	30
逆接		かかれど	1	0	0	0	0	0	0	1	2	0	0	0	0	0	0	0
	和	さりとて	28	0	0	0	0	0	13	7	22	0	0	0	0	0	0	2
		さりとも	22	0	0	0	0	0	10	16	39	0	0	0	0	0	1	0
		されど	2	0	0	0	0	0	4	23	85	0	0	0	0	0	1	1
		されども	0	0	0	0	0	0	10	3	5	0	0	0	0	0	0	0
		しかりといへども	45	0	0	0	1	8	0	1	0	0	1	0	8	0	0	0
	汉	しかるに	550	22	0	0	1	4	11	0	0	14	46	12	30	1	0	4
		しかるを	10	1	0	0	0	0	1	0	1	0	0	1	1	1	3	4
		しかれども	0	14	2	0	15	4	2	1	0	2	27	15	6	3	0	0
	※	然れども	176	0	0	0	0	0	0	0	0	0	0	0	0	0	0	0
		逆接（小计）	834	37	2	0	17	16	51	52	154	16	74	28	45	5	5	11
		种类	22	8	4	1	8	9	19	16	14	5	7	9	10	7	11	10
		种类的一致率	100%	36.4%	18.2%	4.5%	36.4%	40.9%	86.4%	72.7%	63.6%	22.7%	31.8%	40.9%	45.5%	31.8%	50.0%	45.5%

（续表）

用法 文体	接续词	总频数	平均频数	顺接/逆接（合计）
今昔物語集		4147	188.5	4.0
冥報記		63	7.9	0.7
大唐西域記		7	1.8	2.5
日本往生極楽記		1	1.0	×
日本霊異記		180	22.5	9.6
法華験記		51	5.7	2.2
宇治拾遺物語		288	15.2	4.6
大鏡		249	15.6	3.8
栄花物語		809	57.8	4.3
御堂関白記		23	4.6	0.4
小右記		83	11.9	0.1
将門記		51	5.7	0.8
江談抄		89	8.9	1.0
三宝絵		39	5.6	6.8
法華百座聞書抄		34	3.1	5.8
打聞集		41	4.1	2.7

一、不同文本中接续词种类的一致率

如表5-3所示,『今昔物語集』中使用的接续词共计22种。其他相关文本中,『宇治拾遺物語』有19种与『今昔物語集』中所使用的接续词一致,一致率高达约86%。按一致率由高到低排列,『大鏡』的一致率为72.7%(16种),『栄花物語』为63.6%(14种),『法華百座聞書抄』为50%(11种),其余文本的一致率均低于50%。

虽然『宇治拾遺物語』在接续词种类的数量上与『今昔物語集』十分相近,但不同的是,『宇治拾遺物語』中出现的基本都是和文系接续词,而汉文训读系接续词的出现频率较低。在出现的汉文训读系接续词中,除了「しかるに」有11例以外,其余的出现频率都较低(如「しかれば」4例、「しからば」1例、「これによりて」1例、「しかるあひだ」1例、「しかれども」2例、「しかるを」1例)。历史物语『大鏡』和『栄花物語』也呈现出相似的倾向。

『今昔物語集』与纯汉文『冥報記』『大唐西域記』、佛教系统的变体汉文『日本霊異記』『法華驗記』『日本往生極楽記』相一致的均是汉文训读系的接续词。例如,表示顺接的接续词「このゆゑに」「しかうして」「これをもちて」以及表示逆接的接续词「しかるに」「しかれども」等。但是,由于汉文文本中不存在和文系的接续词,因此这些文本与『今昔物語集』中接续词的一致率极低。其中属『法華驗記』最高,但也只有40.9%。

关于变体汉文中接续词的使用情况,笔者抽样调查了『御堂関白記』寛仁元年和『小右記』长远四年的部分。虽然在调查范围内没有出现「しかるあひだ」(「然間」「而間」)的实例,但检索东京大学史料编纂所编『古記録フルテキストデータベース』,得到的结果是:『御堂関白記』中有4例,『小右記』中有6例[①]。『今昔物語集』与古记录体『御堂関白記』『小右記』、军记物语『将門記』、贵族说话文学『江談抄』中均可见「しかるあひだ」的使用实例。并且,在这些文本中也都使用了汉文训读系的接续词,如「しかれば」「しかるに」等。

『三宝絵』『法華百座聞書抄』『打聞集』与『今昔物語集』的文体相近,都属和汉混淆文,在接续词的使用上也呈现出相似性。在这些文本中,汉文训读系与和

---

① 东京大学史料编纂所『古記録フルテキストデータベース』所收古记录体文献中,「然間」共计229例,「而間」共计96例。

文系的接续词均有使用,并且在数量上也较为均衡。但是相较于『今昔物語集』,接续词在种类上还是偏少。

从上述统计中可以看出,『今昔物語集』摄取了和文系、汉文训读系、变体汉文系的接续词,这也使其在文章表现上呈现出"和"与"汉"的要素融合度较高的特征。此外,表5-3数据显示,『今昔物語集』中接续词的平均使用频率为188.5,远远超过其他文本,由此可见作者在接续词的使用上呈现出的积极态度。

二、从顺接与逆接之比看接续词的使用倾向

如表5-3所示,『今昔物語集』中顺接接续词的使用频率共计3313例,逆接接续词的使用频率共计834例,二者之比大约为4∶1。顺接接续词的使用频率是逆接接续词的4倍。这一点与『大鏡』(3.8∶1)、『栄花物語』(4.3∶1)、『宇治拾遺物語』(4.6∶1)等和文系物语类似。

而较多使用逆接接续词的文本有属于变体汉文文体的贵族日记『御堂関白記』(0.4∶1)和『小右記』(0.1∶1),还有汉文训读文『冥報記』(0.7∶1)。这或许说明,在汉文和变体汉文系统的文本中,相较于逆接,语篇的顺接关系没有需要特别说明的必要。在表示顺接的接续词中,较多出现的也是「このゆゑに」「これによりて」等明确表示因果关系的接续词,而「しかれば」等仅表示时间经过或事件罗列的接续词较少出现。因此,受汉文和变体汉文的影响较大的『今昔物語集』天竺震旦部和本朝佛法部中,逆接接续词的使用频率超过了本朝世俗部。

综上,从接续词的种类来看,『今昔物語集』的天竺震旦部和本朝佛法部受到汉文训读很大的影响。但是,从顺接接续词与逆接接续词之比来看,『今昔物語集』中接续词的使用倾向或者说作者的逻辑思维方式还是更接近于和文体文本。

第四节　『今昔物語集』中的高频度接续词

本节将对『今昔物語集』中出现的高频度接续词进行考察。引具体实例,记述其语义、用法,并对各接续词在各类文本中的使用情况进行说明。

我们统计了『今昔物語集』中高频度接续词,按其频数在接续词总频数中所占比例由高到低排列,依次是「然れば」39.2%、「しかるあひだ」18.7%、「しか

るに」13.3%、「さて」8.6%、「然れども」4.2%、「これによりて」4.2%、「然らば」3.7%。以上7个接续词共占到『今昔物語集』中接续词总频数的92%,其他接续词的所占比例均不到2%。因此,可以说这7个接续词是『今昔物語集』作者的常用表现。以下对这7个接续词进行考察,比较它们在『今昔物語集』与其他文本中的使用情况。表5-4所示数值为各接续词在每个文本中的使用频数占该文本中接续词总频数的百分比。

表5-4　『今昔物語集』中的高频度接续词及其在其他文本中的使用情况

资料	1 然れば	2 しかるあひだ	3 しかるに	4 さて	5 然れども	6 これによりて	7 然らば	合计
今昔物語集	39.2	18.7	13.3	8.6	4.2	4.2	3.7	92.0
冥報記	4.8	0.0	34.9	0.0	22.2	0.0	3.2	65.1
大唐西域記	0.0	0.0	0.0	28.6	0.0	0.0	0.0	28.6
日本往生極楽記	0.0	0.0	0.0	0.0	0.0	0.0	0.0	0.0
日本霊異記	2.2	0.0	0.6	0.0	8.3	7.2	0.0	18.3
法華験記	2.0	0.0	7.8	0.0	7.8	15.7	2.0	35.3
宇治拾遺物語	21.5	0.3	3.8	24.7	4.2	0.3	14.9	69.8
大鏡	20.5	0.0	0.0	37.8	1.6	0.0	2.8	62.7
栄花物語	4.1	0.0	0.0	19.5	0.6	0.0	1.2	25.5
御堂関白記	0.0	0.0	60.9	0.0	8.7	4.3	0.0	73.9
小右記	0.0	0.0	55.4	0.0	32.5	1.2	3.6	92.8
将門記	5.9	21.6	23.5	0.0	29.4	5.9	2.0	88.2
江談抄	23.6	3.4	33.7	0.0	6.7	4.5	7.9	79.8
三宝絵	0.0	2.6	2.6	0.0	7.7	35.9	5.1	53.8
法華百座聞書抄	32.4	0.0	0.0	14.7	0.0	8.8	14.7	70.6
打聞集	24.4	0.0	9.8	34.1	0.0	2.4	2.4	73.2

一、然れば

　　『今昔物語集』中使用频数最高的接续词是「然れば」,占『今昔物語集』中接续词总频数的39.2%。「然れば」在『宇治拾遺物語』中使用频数占总频数的

21.5%（其中，「されば」58例、「しかれば」4例），在『大鏡』中占20.5%（其中，「されば」48例、「しかれば」3例），在『江談抄』中占23.6%（「しかれば」21例），在『法華百座聞書抄』中占32.4%（其中，「されば」4例、「しかれば」7例），在『打聞集』中占24.4%（其中，「されば」7例、「しかれば」3例）。除了『江談抄』，在其余文本中均可发现「されば」与「しかれば」二者并用的情况，但它们的所占比重之和均低于『今昔物語集』中的「然れば」。

例（5-1）　今昔、天竺ノ舎衞國ニ一人ノ翁有リ、歳八十ニシテ身極テ貧シ。然レバ其國ノ人ニ物ヲ乞テ世ヲ過ス。（『今昔物語集』卷四ノ15）

例（5-2）　「我モ亦年来養ヒ立ツレバ、実ノ祖ニ不異。然レバ、共ニ祖トシテ可養キ也」ト契テ、（『今昔物語集』卷二十六ノ1）

例（5-3）　家ノ主及ビ御弟子達モ此ノ事ヲ聞テ貴ブ事无限シ。然レバ、一言・一宿モ皆前世ノ契リ也ト知リヌトナム語リ傳ヘタルトヤ。（『今昔物語集』卷二ノ5）

　　「然れば」是表示顺接确定条件的接续词，表示「そうであるから」之义。「然れば」可以用于表示时间经过，也可以用于表示因果关系，在『今昔物語集』中广泛使用于叙述部分、会话部分以及话末评语部分。

二、しかるあひだ

　　接续词「しかるあひだ」由于其汉字表记「然ル間・而ル間」多见于记录体文本『御堂関白記』『小右記』中，因此一般被认为是变体汉文系的接续词。在变体汉文体的军记物语『将門記』中，「しかるあひだ」使用频数占到了全体接续词的21.6%（11例），是所调查文本中的最高值。

例（5-4）　父母此レヲ見テ歡喜スル事无限シ。此レニ依テ児ノ名ヲ燈指ト付タリ。而ル間、阿闍世王、此ノ事ヲ聞テ勅シテ「児ヲ将来レ」ト宣フ。（『今昔物語集』卷二ノ11）

例（5-5）　其後、大師ニ随テ、頭ヲ剃テ法師ト成ヌ、名ヲ圓仁ト云フ、顕蜜ノ法ヲ習フニ、少シキ愚ナル事无シ。而ル間、傳教大師

失給ヒヌレバ、心ニ思ハク、「我レ、唐ニ渡テ顕蜜ノ法ヲ習ヒ極メム」ト思テ、(『今昔物語集』第十一ノ11)

在『今昔物語集』中,「しかるあひだ」主要用于叙述部分,表示「そうしているうちに」之义。峰岸明(1986)指出,「しかるあひだ」是出自变体汉文文章的接续词,而『今昔物語集』中的使用均为对出典汉文的附加改编。「しかるあひだ」除了可用于表示顺接,还可用于表示逆接,如例(5-5)。但是无论顺接还是逆接,其本质用法还在于伴随时间的经过引导出下一个场面。

三、しかるに

「しかるに」是在『今昔物語集』中使用频率最高的逆接接续词,其汉字表记一般为「而ルニ・然ルニ」。而在变体汉文中,「しかるに」的汉字表记一般为「而」。「しかるに」被认为是汉文训读系的接续词,在和文中几乎不出现。如表5-4所示,「しかるに」在纯汉文『冥報記』、变体汉文『御堂関白記』『小右記』中出现频率较高,在各文本中分别接续词总频数的34.9%、60.9%、55.4%。

例(5-6) 然レバ、同寺ニ住ム比丘共、此ノ僧澤ヲ軽メ蔑テ同座ニモ不居ズ、稍モスレバ寺ヲ追ヒ出ス。而ルニ、此ノ僧澤、少ノ智恵有テ、我ガ身ノ内ニ在マス佛ノ三身ゾ功徳ノ相ヲ心ニ懸テ、忘ル、時无ク晝夜ニ常思フ。(『今昔物語集』巻四ノ10)

例(5-7) 龍王、夢ノ中ニ相宰ニ云ク、「龍衆ニハ九ノ苦有リ。而ルニ、此ノ珠ヲ得テ後、其苦ヲ滅タリ。(『今昔物語集』巻十一ノ15)

关于「しかるに」的语义和用法,『日本国語大辞典』(第二版)载有「先行の事柄に対し、後続の事柄が反対・対立の関係にあることを示す。ところが。しかし。さるに。」与「話の冒頭に用いる慣用語。逆接の意味は持たない。さて。ところで。」两项。即「しかるに」可用于表示逆接,也可以用于表示话题的转换,在用法上较为宽泛。因此,「しかるに」的使用频率远远超过只有单一用法的逆接接续词「然れども」。

四、さて

　　『今昔物語集』中使用频数的比重占据第四位的是和文系接续词「さて」。该词不用于汉文训读体文本，而在『大鏡』（37.8%）、『宇治拾遺物語』（24.7%）等和文体文本、『打聞集』（34.1%）等和汉混淆文文体的文本中常被使用。由于「さて」的和文体性质，其用例在『今昔物語集』中也多集中在和文调较强的本朝世俗部（79.3%）。

　　例（5-8）　満財ガ云ク、「サテ、其ヲバ、何ガ可為キ」ト。（『今昔物語集』巻一ノ13）

　　例（5-9）　大臣、「糸悪キ態ヲモ被為ケルカナ」トソナム咲ヒ給ヒケル。然テ、心ノ内ニ「何デ此ノ人ヲ見ム」ト思フ心深ク成ニケレバ、（『今昔物語集』巻二十二ノ8）

　　「さて」主要用于物语、说话文学的事态展开部分，会话文中的用例也有不少。「さて」在语义、用法上具有不确定性，主要用于结束前面的话题并转入新的话题，或接着前面的话题继续下去。

五、然れども

　　逆接接续词「然れども」在『今昔物語集』中的使用频率也较高。「然れども」的语形多见于汉文训读文与变体汉文中，有时也出现在受到汉文训读影响的和文中。和文中较多使用的同义语形是「されども」。「しかれども」还可表记作「然而」，使用频率较高的文献有变体汉文的『小右記』（32.5%）、『将門記』（29.4%）以及汉文训读文的『冥報記』（22.2%）、『大唐西域記』（28.6%）。

　　例（5-10）　又大ナル河ノ邊ニ行テ深キ淵ノ底ニ落入ヌ。然レドモ死ヌル事无シ。（『今昔物語集』巻二ノ25）

　　例（5-11）　父有テ母ニ云ク、「汝ヂ、齢ヒ可産キ齢ニ非ズシテ、産セリ。然レバ、其レニ依テ根ヲ不具ズシテ生ゼル也。此レ、大ナル耻也。然レドモ、汝ヂ、縁有ルニ依テ我ガ子ヲ生ゼリ」ト云テ、（『今昔物語集』巻十二ノ2）

　　「然れども」是表示逆接既定条件的接续词,一般用于表达前后项逻辑上的对立关系,即后项与前项预想的结果相违。与现代日语的「しかし」「ところが」同义,用例分布于叙述部分和会话部分。

六、これによりて

　　『今昔物語集』中使用频率较高的还有表示因果关系的「これによりて」,表记作「此レニ依テ」。除去『宇治拾遗物語』中的1例,其用例均出现在变体汉文体和和汉混淆体的文本中。尤其是在『三宝絵』中,出现频数的比重达到了35.9%。此外,『法華驗記』中占15.7%,『日本霊異記』中占7.2%。

　　　　例(5-12)　勝義、既ニ冨貴ト成テ財寶无量也。<u>此レニ依テ</u>、人、財寶
　　　　　　　　　ヲ不惜ズシテ佛ニ供養シ奉リ、比丘僧ニ可与シトナム語リ
　　　　　　　　　傳ヘタルトヤ。(『今昔物語集』巻一ノ32)
　　　　例(5-13)　而ルニ、先年ノ比、我ガ形像ヲ造テ、開眼供養シ畢キ。<u>此
　　　　　　　　　レニ依テ</u>、我レ、汝ガ父重正ヲ引導シ畢キ。(『今昔物語集』
　　　　　　　　　巻十七ノ20)

　　「これによりて」是由对「因此」「因之」等汉语的训读而引发的表达形式。在『今昔物語集』中,用例较少出现在会话部分,而常用于叙述部分,前后项多为具体事态,如例(5-12)和例(5-13)。但本次调查范围内,「因此」「因之」不见于纯汉文『冥報記』中,而多出现在日本的佛教汉文『日本霊異記』『法華驗記』中。

七、然らば

　　『今昔物語集』中使用频数的比重占第七位的是「然らば」。「然らば」在汉文训读文中读作「しからば」,使用频率不高。该和训在『冥報記』的训点资料中用于训读「然則」,但仅有2例。而在变体汉文中,「然者」的汉字表记众多。在和文中,接续词「さらば」也被频繁使用。尤其在『宇治拾遗物語』中,「さらば」的出现频数占到了接续词总频数的14.7%。和汉混淆文『法華百座聞書抄』中的用例也均表记为「さらば」,而无「しからば」。

例(5-14)　太子ノ申サク、「我レニ玉ヲ授ケ給フハ誰人ゾ、我レ愚癡ナ
　　　　　ル故ニ不知ズ。若シ、佛ノ来給ヘルカ。<u>然ラバ</u>我ガ前世ノ
　　　　　果報ヲ説給ヘ」ト。(『今昔物語集』巻三ノ15)

例(5-15)　鬼ノ云ク、『此ハ此レ、地獄也。我レハ獄率也』ト。蓮円亦
　　　　　云ク、『<u>然ラバ</u>此ノ地獄ノ中ニ我ガ母有ヤ否ヤ』ト。(『今昔
　　　　　物語集』巻十九ノ28)

「然らば」是表示顺接假定条件的接续词,表示「そうであるならば」之义,
在假设前项成立的基础上,多用于衔接表示命令、意志、疑问的内容。用例多分
布于会话部分。

第五节　小　结

通过对不同文体文本中接续词使用情况的考察,可将结论归纳为以下
三点:

(1)相较于其他文本,『今昔物語集』中所使用的接续词具有种类多,使用频
率高的特点。其中不仅包括汉文训读系接续词,还包括和文系和变体汉文系的
接续词,"和"与"汉"的要素分布较为均衡。

(2)『今昔物語集』中顺接接续词与逆接接续词之比为4∶1,与和文体文本中
的使用倾向较为相近。但值得注意的是,在偏向汉文调的前二十卷中,逆接接续
词「しかりといへども」「しかるに」「しかるを」以及顺接接续词中明示因果关
系的接续词「このゆゑに」「これをもちて」「これによりて」的出现频率较高。相
反,偏向的和文调的后十卷内容中,则较多地使用「然れば」「さて」「かくて」等
逻辑关系较为模糊的表达形式。从这样的使用特点可知,至少在『今昔物語集』
内部,较多地采用逻辑性较强的表达是因为受到了汉文训读的影响。推而言之,
汉文训读的影响是促成日语接续词发展的重要外部因素,改变了日语接续词的
表达形式和使用频率。

(3)此外,对于接续词个体来说,一般用法上越广泛,其使用频率就越高。例
如,拥有多个义项的顺接接续词「然れば」(39.2%)、「しかるあひだ」(18.7%)
以及逆接接续词「しかるに」(13.3%),这些接续词的使用频率往往高于其他同

义但义项单一的接续词。

【调查资料】

日本古典文学大系（1956—1963）『今昔物語集』岩波書店

有賀嘉寿子（1982）『今昔物語集自立語索引』笠間書院

馬淵昌子（1971—1981）『今昔物語集文節索引』笠間書院

新日本古典文学大系別巻（2001）『今昔物語集索引』岩波書店

説話研究会（1999）『冥報記の研究』勉誠出版

中田祝夫（1954）『古点本の国語学的研究』講談社

新日本古典文学大系（1996）『日本霊異記』岩波書店

藤井俊博（1999）『日本霊異記漢字総索引』笠間書院

日本思想大系（1974）『法華験記』『往生伝』岩波書店

藤井俊博（1996）『大日本国法華経験記 ：校本・索引と研究』和泉書院

新日本古典文学大系（1990）『宇治拾遺物語』岩波書店

増田繁夫、長野照子（1975）『宇治拾遺物語総索引』清文堂出版

秋葉安太郎（1968）『大鏡の研究』桜楓社

高知大学人文学部国語史研究会（1985—1987）『栄花物語: 本文と索引』武蔵
　　野書院

山中裕（1985）『御堂関白記全注釈　寛仁元年』高科書店

三橋正（2008）『小右記注釈　長元四年』小右記講読会

新編日本古典文学全集（2002）『将門記』小学館

新日本古典文学大系（1997）『江談抄』岩波書店

新日本古典文学大系（1997）『三宝絵』岩波書店

小林芳規（1975）『法華百座聞書抄総索引』武蔵野書院

東辻保和（1981）『打聞集の研究と総索引』清文堂出版

中央大学国語研究会（1985）『三宝絵詞自立語索引』笠間書院

第六章

结论和启示

第一节　汉文训读在日语因果范畴演变中的地位和影响

　　本研究对古代日语中典型的因果范畴标记的生成与演变进行了考察,考察过程中充分考量了语义句法变化与文体的关系。具体考察对象包括复合接续助词「によりて」「(が)ゆゑに」以及接续词「しからば」「さらば」,并且从宏观上对接续词的发展与文体的关系进行了调查。下面分别对各章的研究内容和结论加以概述。

　　本书第二章考察了「によりて」的原因理由用法的形成与发展。在第一节中,厘清了其原因理由用法的成立,特别是利益性用法成立的脉络。考察结果表明,在上代『万葉集』中,动词「よる」由〈(具体物が場所に)距離的に接近・移動する〉之义抽象化为〈(心や気持ちが人に)寄せる、寄り添う〉之义。随着「名詞＋により」的形式逐渐成为固定搭配,加之前项与后项内容相呼应,「よる」的〈もとづく、起因する〉之义开始形成。其后,「によりて」的形式作为表示原因理由的接续表现在日语中被固定下来。由此可以认为「によりて」的原因理由用法在上代日语中既已成立,其成立与汉文训读无关,是固有日语自然演化的结果。另一方面,通过对平安时代、院政镰仓时期各文体文本的广泛调查,证明了「によりて」表示利益性结果的原因的用法是受到了汉文训读,尤其是佛教汉文训读影响的结果。自平安时代起,在僧侣撰写的佛教汉文、和汉混淆文文献中,「によりて」已具备了表示利益性用法和非利益性用法的功能。这是因为在长期的汉文训读活动中,和语「ニヨリテ」与汉字"依"形成了紧密的联系,受到汉字"依"中"赖、助"等语义的影响,「ニヨリテ」形成了表示利益性结果的原因的用法。由此,我们认为汉文训读扩展了日语因果范畴标记「によりて」的表达范围。第二节考察了「によりて」接续助词用法产生的原因及其文体性质。针

对先行研究认为其接续助词用法起源于变体汉文的观点,本研究的考察表明「によりて」的接续助词用法广泛使用于和文、汉文训读文、变体汉文以及和汉混淆文文献中,其用法向接续助词的演化并非受到个别文体的影响,而是以日常语言为背景的普遍用法在不同文体文本中应用的具体体现。

第三章考察了因果范畴标记「(が)ゆゑに」的形成与发展。第一节详细考察了『万葉集』和歌中「ゆゑ」的用法,通过探讨其中被解释为逆接用法的「ゆゑ」,阐明了上代日语中的「ゆゑ」仍然停留在形式名词或接尾词的阶段,在用法上只用于表达偶然的原因,还未成为衔接因果逻辑关系的语法标记。在此基础上,第二节厘清了「活用語連体形＋φユエ(故)」与「活用語連体形＋ガユエ(故)」接续助词用法的形成与演变过程。自平安时代起,体言接续的用例在汉文训读文中以「体言＋ノユエ」的形式固定下来。同时,平安时代的「ゆゑ」突破了上代在接续上只衔接体言、不衔接用言的限制。在初期训点资料中可以观察到「活用語連体形＋φユエ(故)」与「活用語連体形＋ガユエ(故)」的形式二者自由使用的情况。但是自平安中期起,在训点资料中,「活用語連体形＋φユエ(故)」的形式逐渐消亡,用例逐渐统一以「活用語連体形＋ガユエ(故)」的形式出现,最终形成了表示原因理由的复合辞「(活用語連体形)ガユエニ」。另一方面,在和文中,体言接续的形式基本与上代相同,主要以「体言＋φゆゑ」的形式出现。在用言接续方面,「活用語連体形＋φゆゑ」的形式逐渐渗透进平安中后期的和文文本,「活用語連体形＋がゆゑ」的形式也开始零星出现在院政时期的历史物语中。在和文中,这些用于接续助词的「ゆゑ」多见于以汉文为出典的部分、汉文素养较高的人物的会话文以及与佛教相关的场合。在『今昔物語集』等院政时期的和汉混淆文中,用言接续的用例以「活用語連体形＋ガ故」的形式为主,辅以「活用語連体形＋φ故」的形式出现。而到了镰仓时期,「活用語連体形＋φ故」的形式增多,在部分文献中甚至超越「活用語連体形＋ガ故」,成为主流。综上,「活用語連体形＋φ故」的形式虽然起源于汉文训读文,但在汉文训读文中被淘汰,却在僧侣撰写的和汉混淆文中被保留了下来,并且在后世的文献中进一步获得稳固。因此我们认为该形式是和汉混淆文的典型表达形式之一。

第四章考察了接续词「しからば」与「さらば」的形成与互动。第一节的考察结果发现,与汉籍、佛典以及纯汉文『日本書紀』中多用于衔接疑问表现和推量表现的用法不同,『古事記』中的汉字表记「然者」以及『万葉集』中假名表记的「しからば」的用例多后接意志表现、命令表现与疑问表现,后项内容较为丰富、

自由。我们认为这是接续词「しからば」在尚未受到汉文训读影响的早期日语中形成的固有用法。第二节中，针对被认为是分属训读系统与和文系统的同义词「しからば」和「さらば」，探讨了二者基于文体产生的用法上的细微差异以及二者在日语中的互动。中古和文中只有「さらば」一种形式，具备较为丰富、自由的后项表达内容，基本继承了上代的「しからば」的用法。但是由于训读系统的「しからば」作为表示推定表现和疑问表现之条件的用法被逐渐固定下来，受其影响，和文系统的「さらば」的用法范围逐渐缩小为表示意志表现和命令表现的条件。由此，「しからば」和「さらば」在用法上出现了分化。由于二者各自分担的用法不同，最终在和汉混淆文中得以并存。

第五章以『今昔物語集』及其相关文献为考察文本，对各文本中接续词的使用情况进行了统计，从宏观上揭示了接续词的使用倾向与文体之间的关系。考察结果表明，在倾向汉文训读调的天竺震旦部和本朝佛法部中，顺接接续词中明确表示因果关系的接续词「このゆゑに」「これをもちて」「これによりて」，以及对逻辑思考要求较高的逆接接续词「しかりといへども」「しかるに」「しかるを」的使用频率更高。相反，在倾向和文调的本朝世俗部中，「然れば」「さて」「かくて」等逻辑关系较不明确的接续词更为多见。由此可见，日语中的因果范畴标记及逻辑表达形式的发展与汉文训读有着密切的关系。

通过以上考察，我们认为日语因果范畴标记的明示化以及条件表现的精密化进程最早可以追溯至院政镰仓时期，并且其发展在很大程度上收到了汉文训读的影响。这种影响从对古汉语文献的训读文本扩大到和汉混淆文等日语原创文本，使日语中的因果范畴标记日益丰富起来。

第二节 语言接触下的语言演变——汉文训读的视角

语言需要不断变化来满足动态发展的需求，而语言接触是促成这一变化的重要外部因素。本书指出了汉文训读对古代日语因果范畴标记等逻辑表达形式的影响，但这并不等同于说日语原本是缺乏逻辑性的语言。因为语言的精密化和分化是语言发展的内在要求。只不过若如山口尭二(1980)(1996)所说，"与日本人的思维方式相对应的间接的、依存语境的形式更受欢迎"，那么本书中所论述的明示性的语言形式的使用，或许与自然的日语存在乖离的一面，它们的产

出恐怕还是要归因于语言接触等外在因素的影响。正如山口佳纪(1993)所认为的,日语中不存在比汉文训读的逻辑性更强的语言形式。日语精密化的原因或许还是应该在汉文训读,尤其是在逻辑表达丰富的佛教汉文的训读语言中去寻找。

语言接触能带来语言的变化已是不争的事实。关于汉文训读对日语语法体系产生的影响,山田孝雄(1935)早在『漢文の訓読によりて伝えられたる語法』(宝文館)中指出,明治时期的书面语中存在众多汉文训读语法现象,并对相关词条和例句进行了罗列。此后,大坪併治(1981)『平安時代における訓点語の文法』(風間書房)基于训点资料,对「および」「すなはち」「におきて」等汉语训语特有的语法现象进行了考证。築島裕(1963)『平安時代の漢文訓読語につきての研究』(東京大学出版会)发现了训读语与和文语在形式上存在对立的现象。该现象的发现在很大程度上推动了日语文体论研究的发展,但从语言接触的视角出发,探讨汉文训读对日语语法影响的研究仍然较少。本书以古代日语中的因果范畴标记为考察对象,揭示了汉文训读在日语条件表现变迁史中的作用和影响。但这只是汉文训读对日语语法体系影响的一个具体方面。除了因果范畴标记,日语中还有哪些范畴受汉文训读的影响较大及其原因何在?汉文训读影响的具体表现有哪些类别?是否有规律可循?这些课题都有待日后进一步研究。

参考文献

[1] 青木毅. "時間の経過"を表す「オクル(送)」の成立について[J]. 鎌倉時代語研究, 1992(15).

[2] 青木毅. 平安時代における漢文翻訳語「ナキカナシム(泣悲)」について[A]// 小林芳規博士喜寿記念国語学論集. 東京: 汲古書院, 2006.

[3] 李淑姫. 大蔵虎明本狂言集の原因・理由を表す接続形式について―その体系化[4]のために―[J]. 筑波日本語研究, 1998(3).

[4] 李淑姫. キリシタン資料における原因・理由を表す接続形式―ホドニ・ニヨッテ・トコロデを中心に―[J]. 筑波日本語研究, 2000(5).

[5] 李淑姫. 文の焦点から見たホドニとヨッテ―大蔵虎明本狂言集を中心に―[J]. 筑波日本語研究, 2001(6).

[6] 李淑姫. 『応永二十七年本論語抄』の因由形式の階層[J]. 筑波日本語研究, 2002(7).

[7] 池上禎造. 中古文と接続詞[J]. 国語国文, 1947(15-12).

[8] 石垣謙二. 助詞の歴史的研究[M]. 東京: 岩波書店, 1955.

[9] 牛島徳次. 漢語文法論(古代編)[M]. 東京: 大修館書店, 1967.

[10] 牛島徳次. 漢語文法論(中古編)[M]. 東京: 大修館書店, 1971.

[11] 王力. 中国古典読法通論[M]. 京都: 朋友書店, 1992.

[12] 大坪併治. 漢文訓読語における接続詞[J]. 月刊文法, 1970(2-12).

[13] 大坪併治. 平安時代における訓点語の文法[M]. 東京: 風間書房, 1981.

[14] 大坪併治. 原因・理由を表はす文末のバナリについて[J]. 訓点語と訓点資料, 1982(67).

[15] 大野晋. 「カラ」と「カラニ」の古い意味について[A]// 言語民俗論叢 金田一博士古稀記念. 東京: 三省堂, 1953.

[16] 岡崎友子. 中古における接続詞の使用傾向について[A]// 第4回コー

パス日本語学ワークショップ予稿集. 国立国語研究所，2013.

[17] 春日政治. 西大寺本金光明最勝王経古点の国語学的研究[M]. 東京: 勉誠社，1969.

[18] 菊澤季生. 古代に於ける「ため・ゆゑ・から」[J]. 文学，1938(6-5).

[19] 来田隆. 洞門抄物に於けるホドニとニヨッテ[A]// 近代語の成立と展開. 大阪: 和泉書院，1993.

[20] 極興一，松井栄一. 接続詞の変遷[A]// 品詞別日本語文法講座6　接続詞・感動詞. 東京: 明治書院，1973.

[21] 清瀬良一. 天草本平家物語の接続表現—「さらば」などの場合について—[J]. 広島大学文学部紀要，1955(8).

[22] 倉田実. 平安朝恋歌「人」表現—その傾向と「つれなき人」をめぐって—[J]. 大妻女子大学紀要(文系)，2001(33).

[23] 古賀精一. 古事記・日本書紀の用字—依・帰・因・由について—[J]. 言語と文芸，1976(83).

[24] 小川輝夫. 否定表現の原理[J]. 文教国文学，1984(14).

[25] 小久保崇明. 大鏡の語法[M]. 東京: 明治書院，1985.

[26] 小谷博泰. 続日本紀宣命の文章と語法—和漢混淆文の源流として—[J]. 月刊文法，1971(3-5).

[27] 小島憲之. 上代日本文学と中国文学 出典論を中心とする比較文学的考察[M]. 東京: 塙書房，1962.

[28] 小林賢次. 日本語条件表現史の研究[M]. 東京: ひつじ書房，1996.

[29] 小林賢次.『日本語接続法史論』[J].『国語学』，1997(190).

[30] 小林賢次. 条件表現史にみる文法化の過程[J]. 日本語の研究，2005(1-3).

[31] 小林千草. 中世口語における原因・理由を表す条件句[J]. 国語学，1973(94).

[32] 小林千草. 近世上方語におけるサカイとその周辺[J]. 近代語研究，1977(5).

[33] 小林芳規. 万葉集における漢文訓読語の影響[J]. 国語学，1964(58).

[34] 阪倉篤義. 条件表現の変遷[J]. 国語学，1958(33).

[35] 阪倉篤義. 日本語表現の流れ[M]. 東京: 岩波書店，1993.

[36] 坂詰力詰. 接続詞「さらば」の意味・用法に関する考察—『平家物語』を中心とした中世の軍記物語をとおして—[A]// 日本語史の研究と資料. 東京: 明治書院，2015.

[37] 桜井光昭. 敬語の表記から見た『宇治拾遺物語』の文体[J]. 国語語彙史の研究，1990(11).

[38] 清水教子.『御堂関白記』の原因・理由を示す表現[J]. 中国短期大学紀要，1984(15).

[39] 清水教子.『権記』に見られる原因・理由を示す表現[J]. 中国短期大学紀要，1992(23).

[40] 志村健雄. 万葉集「ゆゑに」の解[J]. 国学院雑誌，1931(37).

[41] ジスク・マシュー. 意味の上の漢文訓読語—和語「あらわす」に対する漢字「著」の意味的影響—[J]. 訓点語と訓点資料，2010(125).

[42] ジョアン・ロドリゲス原著、土井忠生訳註. 日本大文典[M]. 東京: 三省堂，1955.

[43] 杉山俊一郎. 中古和文における〈原因・理由〉を表す複合助詞の意味記述論[J].駒澤大学大学院国文学会論輯，2012(40).

[44] 鈴木恵. 原因・理由を表す「間」の成立[J]. 国語学，1982(128).

[45] 高橋尚子. 中古語接続詞の機能と変遷—物語文学作品を資料にして—[J]. 愛文，1985(21).

[46] 橘純一.「ゆゑ」の古用について[J]. 国語と国文学，1928(5-11).

[47] 橘純一.「ものゆゑ」といふ語の意義について(一)(二)—附「もの」「ものを」「ものから」—[J]. 国語と国文学，1929(6-11)(6-12).

[48] 田中章夫. 因果関係を示す接続の「デ」「ノデ」の位相[J]. 近代語研究，1993(9).

[49] 陳君慧. 文法化と借用—日本語における動詞の中止形を含む後置詞を例に—[J].日本語の研究，2005(1-3).

[50] 塚原鉄雄. 否定表現雑感[J]. 日本語学，1990(9-12).

[51] 築島裕. 平安時代の漢文訓読語につきての研究[M]. 東京: 東京大学出版会，1963.

[52] 築島裕. 興福寺本大慈恩寺三蔵法師伝古点の国語学的研究 研究篇[M]. 東京: 東京大学出版会，1967.

[53] 築島裕. 漢文訓読と古辞書の古訓点[J]. 中央大学国文，1988(31).

[54] 中沢紀子.『版本狂言記』における原因・理由を表わす表現—「程に」と「によって」を中心として—[J]. 国語国文論集（学習院女子短期大学），1996(25).

[55] 中田祝夫. 改訂版古点本の国語学的研究 総論篇[M]. 東京：勉誠社，1979.

[56] 中田祝夫[ほか]. あゆひ抄新注[M]. 東京：風間書房，1960.

[57] 永野賢.「から」と「ので」とはどう違うか[J]. 国語と国文学，1952(29-2).

[58] 永山勇. 接続詞の誕生と発達[J]. 月刊文法，1970(2-12).

[59] 生野浄子.「ため」「ゆゑ」の意味変化に就いて[J]. 学習院大学国語国文学会誌，1961(5).

[60] 西田直敏. 助詞(1)[A]// 岩波講座 日本語7文法Ⅱ. 東京：岩波書店，1977.

[61] 馬紹華. 古代語「ものゆゑ」と「ものから」の意味変化について[J]. 日本語学論集，2014(10).

[62] 馬紹華. 万葉集「ゆゑ(に)」の用法について[J]. 日本語学論集，2015(11).

[63] 馬紹華.「ばかりに」の原因用法の成立について[J]. 日本語学論集，2016(12).

[64] 馬紹華. 上代語「からに」の用法について[J]. 国語と国文学，2017(94-1).

[65] 馬紹華. 原因・理由を表す「せい」の成立について[J]. 訓点語と訓点資料，2017(138).

[66] 馬紹華. 原因・理由を表す「おかげで」の成立について[J]. 日本語学論集，2017(13).

[67] 橋本仲美. 今昔物語集の文体に関する一考察—「事無限シ」をめぐって—[J]. 国語学，1969(79).

[68] 原田芳起. 上代語彙における「しか」と「さ」との交渉[A]// 平安時代文学語彙の研究. 東京：風間書房，1962.

[69] 半田貴子[ほか]. 院政期における接続詞の文体論的考察[J]. 大谷女子

大国文，1984(14)．

[70] 彦坂佳宣．桑名藩家中弁の成立と終焉―原因・理由表現の考察から―[J]．国語学，2003(214)．

[71] 彦坂佳宣．原因・理由表現の分布と歴史―『方言文法全国地図』と過去の方言文献との対照から―[J]．日本語科学，2005(17)．

[72] 福島直恭．書記言語としての「日本語」の誕生―その存在を問い直す―[M]．東京：笠間書院，2008．

[73] 藤井俊博．今昔物語集の翻訳語について[J]．国語語彙史の研究，1990(11)．

[74] 藤井俊博．今昔物語集の否定表現―本朝法華験記の増補をめぐって―[J]．同志社国文学，1994(41)．

[75] 藤井俊博．宇治拾遺物語の語彙と文体[J]．同志社国文学，2001(54)．

[76] 藤井俊博．今昔物語集の表現形成[M]．大阪：和泉書院，2003．

[77] 藤井俊博．文章表現の歴史[A]// 日本語表現学を学ぶ人のために．京都：世界思想社，2009．

[78] 前田直子．日本語の複文―条件文と原因・理由文の記述的研究―[M]．東京：くろしお出版，2009．

[79] 松下大三郎．改撰標準日本文法[M]．東京：紀元社，1928．

[80] 峰岸明．今昔物語集における変体漢文の影響について―「間」の用法をめぐって―[J]．国語学，1959(36)．

[81] 峰岸明．平安時代古記録の国語学的研究[M]．東京：東京大学出版会，1986．

[82] 武藤宏子．栄華物語の語彙の研究[J]．学習院大学国語国文学会誌(7)，1963．

[83] 望月郁子．類義語の意味領域―ホドをめぐって―[J]．国語学，1969(78)．

[84] 本居宣長著、中村通夫．紐鏡・詞玉緒 抄[M]．徳島：教育出版センター，1976．

[85] 矢島正浩．上方・大阪語における条件表現の史的展開[M]．東京：笠間書院，2013．

[86] 山口堯二．古代接続法の研究[M]．東京：明治書院，1980．

［87］山口堯二. 日本語接続法史論［M］. 大阪: 和泉書院，1996.

［88］山口康子. 今昔物語集の文章研究［M］. 東京: おうふう，2000.

［89］山口佳紀. 今昔物語集表記法管見［J］. 国語と国文学，1966a(43-12).

［90］山口佳紀. 今昔物語集の文体基調について—「由（ヨシ）」の用法を通して—［J］. 国語学，1966(67).

［91］山口佳紀. 万葉集の用法と上代漢文訓読語—副詞についての考察—［J］. 論集上代文学，1989(17).

［92］山口佳紀. 古代日本文体史論考［M］. 東京: 有精堂，1993.

［93］山崎貞子. 古代語の副詞「まさに」をめぐって［J］. 国語と国文学，2005(82-11).

［94］山田孝雄. 日本文法論［M］. 東京: 宝文館，1929.

［95］山田孝雄. 漢文の訓読によりて伝へられたる語法［M］. 東京: 宝文館，1935.

［96］山本真吾. 今昔物語集に於ける「速ニ」の用法について［J］. 鎌倉時代語研究，1987(11).

［97］山本真吾. 平安時代に於ける動詞「をしふ（教）」の意味用法について—訓点資料の用例に注目して—［J］. 訓点語と訓点資料，1993(92).

［98］山本真吾. 僧侶の書記用漢字—接続詞「これによりて」の用字から—［A］// 日本学・敦煌学・漢文訓読の新展開. 東京: 汲古書院，2005.

［99］山本真吾. 平安時代に於ける「しきり（頻）」の意味用法について—その文体的意義特徴、漢文訓読を要因とするニ型情態副詞の形容詞化の問題など—［J］. 国語語彙史の研究，2006(25).

［100］山本真吾. 平安時代の和漢混淆現象と和漢混淆文［J］. 国語語彙史の研究，2007(26).

［101］吉井量人. 近代東京語因果関係表現の通時的考察—「から」と「ので」を中心として—［J］. 国語学，1977(110).

［102］吉沢義則. 増補源語釈泉［M］. 京都: 臨川書店，1973.

［103］吉田永弘. ホドニ小史—原因理由を表す用法の成立—［J］. 国語学，2000(203).

［104］吉田永弘. 中世日本語の因果性接続助詞の消長［A］// 日本語の構造変化と文法化. 東京: ひつじ書房，2007a.

［105］吉田永弘. 接続助詞ニョッテの源流［J］. 国学院雑誌，2007(108-11).

［106］吉田永弘. タメニ構文の変遷—ムの時代から無標の時代へ—［A］// 日本語文法の歴史と変化. 東京：くろしお出版，2011.

［107］吉野政治. 人妻ゆゑに—逆的に訳されるユヱについて—［J］. 万葉，1990(137).

［108］吉野政治. 上代のタメについて［J］. 万葉，1990(136).

［109］吉野政治. 目標・目的を示す「故」—目的と理由との関係について—［J］. 同女大日本語日本文学，1990(2).

［110］吉野政治. 上代のタメ・ユヱ・カラニの使い分け［J］. 万葉，1991(139).

［111］吉野政治. 内なる理由（原因）を表すカラの例外について［J］. 万葉，1998(165).

［112］杨金萍，肖平. 从解构主义翻译理论视角看古汉语文献的日译［J］. 外语与外语教学，2004(1).

［113］Matsumoto，Yo. From Attribution/Purpose to Cause：Image Schema and Grammaticalization of some Cause Markers in Japanese［M］// Marjolijn Verspoor，Keedong Lee & Eve Sweetser. Lexical and Syntactical Constructions and the Construction of Meaning. Amsterdam/Philadelphia：John Benjamins，1997.

［114］Matsumoto，Yo. Semantic change in the grammaticalization of verbs into postpositions in Japanese［M］// Toshio Ohori. Studies in Japanese Grammaticalization：Cognitive and Discourse Perspectives. Tokyo：Kurosio，1998.

索　引

必然确定条件　3,4

变化趋势　5

变体汉文　4,9,10,25,31,40—44,46—48,86,89,104,115—117,119,124,125,127—131,134

差异　10,20,60,98,99,120,135

抄物　5,31,47

抽象化　15,18,133

出典汉文　28—30,108,109,128

出现频率　14,19,20,23,25,27,31,33,36,40,43,45,57,71,80,98,124,128,131

纯汉文　10,86,89,94,104,115,124,128,130,134

从属性　35

存在表现　34,42,43,46,47

搭配　15—17,46

多样化　6

翻译语法　7

翻译语境　2

非利益性用法　18,19,21,23,25,27—30,133

分布　13,20,21,23,27,32,38,39,41,44,46,64,73,80,81,100,107—109,111,118—120,130,131

分析化　1,2

佛教汉文　8,10,22,23,25,26,29,30,81,130,133,136

佛教说话集　26,27,29,113

否定表现　51,55,58,61,62

附加　28,29,52,108,109,128

复合辞　11,63,83,134

复合语法标记　2,11,30

复合助词　6

格助词　4,9,12,14,43

公家日记　25

共时　4

共通用语　47

古辞书　104

古记录　21,43,104,124

古文书　25

古训点资料　2,7—9,21,64,65,68,93

固定　11,21,23,40,43,46,66,77,83,87,98,133—135

固定搭配　43,63,65,83,133

固有日语　9,26,98,133

汉文训读　1,2,6—12,18,20,21,26,30,34,37,40,44,64,73,77,81,83,84,
87,98,104,113,115—117,119,124,125,128,129,131,133,135,136

汉文训读的影响　2,7,8,12,20,37,71,73,83,86,87,131,135,136

汉文训读调　27,44,72,75,77,80,81,83,87,108,109,111,116,119,120,135

汉文训读特有语　87

汉文训读体　2,27,44,72,115,129

汉文训读文　8,9,20—22,24,26,31,32,37—41,43,44,46,47,63—66,69,71,
77,81—84,98,99,103,104,107,109,113,116,125,129,130,134

汉文训读语　7,8,20,37,71,73,76,77,81,83,87,136

汉字表记　10,21,43,86—89,98,104,111,127,128,130,134

和汉混淆文　1,2,6,8—10,20,21,26,27,29,30,44,46,47,63,77,81—84,99,
109,113,115,124,129,130,133—135

和文　2,3,9,10,18—21,23,24,26,30—33,36,37,39,44,46—48,64,67—77,
80—84,98,99,103,104,107,109,116,117,119,124,125,128—131,
134—136

和文调　28,44,77,81,83,108,111,113,116,119,129,131,135

和文体　2,7,20,27,44,71,72,77,81,83,99,111,115,119,120,125,129,131

恒常确定条件　3

后项　1,3,4,9,11－13,17,24,25,27,30,35,51－53,55－57,59－62,102,
　　108,109,120,130,133－135

后续表现　18,91,92,108

后置词　12,13

互动　9,10,86,98,134,135

机制　1,7,9

记录体　25,36,37,43,116,127

记录语　37,77

假定条件　4,5,103,131

接受　9,28－30,63,76,77,83,84,88

接续词　1,2,7－10,14,21,25,43,66,73,86,91,98,99,103,104,115－120,
　　124－135

接续法　1,3,4

接续助词　1－4,7,9,14,21,31,32,34,36,37,40,41,43,46,47,53,54,63－
　　65,67,69,76,77,81,133,134

借用　12,82,104,116

精密化　6,8,10,135,136

句法　6,9,13,52,133

军记物语　13,26,27,81,82,85,109,112,115,124,127

口语资料　4,5,47

狂言　5,31,47

扩张　9

历时　1,3－6,8,14,31,64,116

历时演变　9

历史物语　35,77,115,124,134

历史演变　5

历史语言学　2

利益性用法　14,18,20－30,133

逻辑表现　7,37,47

逻辑化　1,2

明示性　5

男性日常用语　37,46

内部原因　5

逆接　3,4,9,50－54,58,61－63,103,117,119,120,124,125,128－131,
134,135

偶然确定条件　3

平安初期　2,22,37,39,41,64,66,71,72,74,77,83

平安时期　21,25,26,44,47,65

平安中期　41,43,63,67,69,77,83,134

前接语　16,18,21,31,33,34,38－41,45,46,54,63

前项　3,9,12,13,24,25,27,30,51－53,55－62,102,120,130,131,133

确定条件　4,5,11,127

认知语言学　12

日常语言　40,46,47,134

日语原创文本　10,81,116,135

散文　13,73

上代和歌　4,70

上代日语　4,18,30,63,70,86,99,133,134

上代文献　10,41,86,87,91,93,98,99

生成　2,6,8,9,133

实用性　46,47

使用频率　27,31,32,47,81,83,84,86,119,120,125,128－131,135

使用倾向　2,10,33,36,37,47,93,113,116,119,125,131,135

顺接　3,5,11,50－54,58,94,103,117,119,120,124,125,127,128,131,135

说话文学　13,27,81,82,85,115,124,129

体言接续　31,32,38,41,44,47,51,53,63,65,70－74,80－83,134

替换　25,28－30

天主教资料　5

条件表现　2－5,7,8,10,11,103,135,136

条件句　1,52

外力因素　2

未然理由　53

文脉　3—5,11,25

文体　2,5,8—10,14,21,27,31,32,37,42,44,47,62—64,72,77,81—83,89,
　　91,98,99,104,107,115—117,120,124,125,129,131,133—136

文体基调　107,120

文体史　7—9

文体性质　9,10,105,108,117,119,133

系助词　35,36

衔接　1,3,8,9,11,13,14,17,18,25,29,30,34,40,43,46,52,53,57,62—65,
　　76,89—93,95—104,107—109,111—113,131,134

形成　1,2,4,6—11,13,17,18,22,23,30,35,40,47,50—52,62,63,69,83,86,
　　87,133—135

形式名词　54,63,76,134

修辞性　62

修饰语　51,52

宣命　6,7,35,49

训点语　6—8,64

训法　64—69,83,99,107

训字　21

沿袭　28—30,91

演变　1—3,5—9,12,13,23,54,83,133—135

演变路径　2,13,30

一般化　27,28

已然理由　53

意向图式　12

因果范畴　1,3—6,8,133

因果范畴标记　1—11,50,52,133—136

因果关系　1,2,4,8,9,11,13,28,30,47,54,62,63,70,95,103,117,119,120,
　　125,127,130,131,135

因由性　3

引申义 21

用法分化 113

用言接续 14,31－34,36－41,44,45,47,53,63－65,70,73－75,77,80－84,134

用言句 34－36

用字习惯 25

语法功能 1,9,12,40,51,53,55,67,76

语法化 5,11－13,31,33,34,36,40,43,47

语境 3,11,16,23,54,63,99,135

语言接触 1,2,7,8,135,136

语言融合 8

语言特征 7,71,73

语言习惯 29,76,84

语义 1,9,12－18,21,23,25,26,28,30,40,51,54,55,58,62,63,93,94,125,128,129,133

语义功能 11

语义特征 14,18,21,22

语源 4

原因理由用法 3,4,11－14,17,18,25,30,31,133

院政镰仓时期 1,2,6,8－10,13,22,26－29,37,44,45,47,81,82,104,113,133,135

中古和文 2,4,7,8,18,20,27,32－34,37,47,54,64,70,72－74,77,82,86,87,98－101,103,109,113,114,116,135

中世口语 11

种类 7,31,40,46,59,86,116,117,119,120,124,125,131

专用形式 3,4,83,99

准体句 34,35

后 记

本书在我博士论文的基础上修改、加工而成。

博士论文得以完成,首先应该感谢我的导师藤井俊博先生。没有先生悉心的指导和耐心的启发,我也就无法顺利完成博士论文的撰写。先生治学严谨,时常教导学生做学问要句句有依据,条条有道理。在每周的论文指导中,先生以他的学术积累和判断,一次次让我摆脱苦思冥想的困惑,使我在学术道路上避免了许多弯路,更让我领悟了语言研究的乐趣。还要感谢读博期间国家留学基金委提供的资助,让我可以在同志社大学专心研究,度过了自由、从容、宁静的四年求学生活。

我的硕士导师浙江工商大学的肖平先生和杨金萍先生也一如既往地关心着我的学习和生活。两位不仅引领我走进了古代汉日语言对比研究的领域,更是多方联系,让我赴日本大阪府立大学、同志社大学等名校交流学习,为我提供了一个广阔而高水平的学术交流平台。还要感谢时任浙江工商大学东方语言文化学院院长的王宝平先生。王宝平先生是中日文化交流史领域的学者,在硕士研究生的课程上为我们讲授了汉文训读的基础,使我受益匪浅。

在大阪府立大学交流期间,有幸受教于张麟声先生。先生的研究方向是二语习得和中日语言对比研究。经张麟声先生介绍,有幸聆听了奥村和子先生日语史、村田右富实先生上代文学和田中宗博先生中世说话文学的课程。在大阪府立大学的一年不仅开阔了我的研究视野,也给我提供了丰富的学术资源。

吉冈真由美博士是我的同门,也是志同道合的挚友。吉冈真由美博士的研究方向是上代汉字与假名。也许同是偏冷门研究的爱好者,使得我们有了很多共同语言。无论我在学习上还是在生活上遇到困难,她都会热情地伸出援手,为我排忧解难。

再说回汉文训读的研究,正如书中提到的,以往对汉文训读影响的认定多凭直觉和内省,因此也导致了一些认识上的分歧。我希望可以通过对真实历史

语料的考证，为由汉文训读引发的语言现象的认定提供较为坚实的事实依据。但作为重点语料的古训点资料文本资源不易获取，且尚未有相关的电子文本建成，调查语料只能依靠原始的手动翻阅和人工输入的方法，此种情况也限制了对汉文训读更深入的研究。因此对汉文训读研究的发展来说，首先需要解决的问题就是语料资源的获取手段。而基于古训点资料的汉日平行语料库的研制或许会成为解决该问题的关键，这也是我下一个阶段研究的重点之一。

　　还要说明的是，本书的部分内容作为单篇论文已发表在日本的学术刊物上，具体如下：

　　(1)原因理由を表す「によりて」について—漢文訓読の影響をめぐって—
『表現研究』106、2017年10月（转载于『漢字文化研究』第8号）

　　(2)原因理由の接続表現「により（て）」について—その文法化と文体とのかかわり—
『日本言語文化研究』21、2017年1月

　　(3)原因理由の接続表現「ユヱ（故）」について—和漢混淆文への展開—
『文化学年報』65、2016年3月

　　(4)接続詞「しからば」と「さらば」について—文体による用法差を中心に—
『同志社日本語研究』20、2016年3月

　　(5)上代の「ゆゑ」の性格
『同志社日本語研究』19、2015年9月

　　(6)上代の接続詞「しからば」の発生について
『同志社国文学』82、2015年3月

　　(7)『今昔物語集』の接続詞の使用について—文体的な比較を中心に—
『同志社日本語研究』17、2014年9月

　　在本书出版之际，我要衷心感谢浙江工商大学东亚研究院提供的出版资助，也感谢上海交通大学出版社编辑们为本书的出版所付出的辛勤劳动。

　　限于本人学识，书中疏漏和不确之处在所难免，敬请专家学者批评指正。

杨　琼

2020年9月于杭州